強火をやめると、誰でも料理がうまくなる!

水島弘史

講談社+α文庫

◎はじめに

「美味しくない!」の原因はレシピにある!?

ちまたでは次々と新しい料理本が発売され、次々と新しいレシピが生み出されています。こうしたレシピを見ていてつくづく思うのは、「これで美味しい料理が作れたら、天才だな〜」ということです。あまりに表現があいまいで、その通りに作ろうとすると、かえって迷ってしまう場合が多いからです。

たとえば、分量。「cc」「mℓ」「g」「cm」「大さじ」「小さじ」というのは、まだ基準がわかりますが、「ひとつまみ」「少々」「適量」というのは、わかるようでわからない、人によって差の出る表記です。

　火加減も、たいていは「弱火」「中火」「強火」の3種類のみ。果たして、これで本当に火加減がわかるのでしょうか。実際に、表記どおりに「弱火にしていたのに焦げた」「強火なのに焼き色がつかない」ということはありませんか？　火加減は、火口《ひぐち》から鍋底までの距離や道具の素材によっても変わるもので、この表記は、正しい加熱の火加減とは一致しない、あまりにもあいまいな表現といえます。

　そのほか、「じっくり」（いったいどのくらい？）、「耳たぶぐらいの固さ」（耳たぶ薄いんですけど？）、「唇の下につけてみて温かければ」（なぜ唇の下？　そもそも温かいってどのくらい？）、「火が通ったら大丈夫」（その「火が通ったら」がわからないんですけど！）などなど、戸惑いを隠せない、ツッコミを入れたくなる謎の表記がたくさんあります。

「え～、そんなこともわからないの？」と、逆に読者につっこまれそうですが、たとえ料理自慢を誇る方でも、これらの表記を正しく説明することは不可能ではないでしょうか。なぜなら、これらの表現はすべて素材の状態や調理器具、火力などによって変化するものであり、表現そのものに問題があるからです。

料理は一見、複雑な感覚世界のように思われがちですが、それらを構成するための基本構造は、非常にシンプルで明確です。そこには〝適当な〟感覚の世界ではなく、〝厳密な〟科学的な世界があります。美しさも美味しさも、決して適当には成り立たないはずです。

では、なぜこうした曖昧模糊としたレシピがまかり通っているのでしょうか。それは、プロが作っているからです。レシピには書かれていなくても、その行間には、プロにしかわからないような絶妙のタイミングや塩加減など、とっておきの秘技が隠されています。プロはその行間を読み取り、「塩ひとつまみ」や「中火」というあいまいな表記でも、素材の状態を見ながら、適切な塩加減や火加減を理解して、美味しい料理に仕上げるテクニックを持っているのです。一般の家庭で、なぜ失敗するのかといえば、この行間を読み取れないからではないでしょうか。また、これまでの調理の常識にとらわれて、間違った思い込みをしている部分も多いと思います。

私自身、かつてはレシピ通りに作って、ことごとく失敗してきた一人です。一流シェフの本を買って同じように作っても、とにかくまずい！　なぜだろう？　何が間違っていて、何が正しいのだろうか……試行錯誤をくり返し、データをとって調理科学の視点から分析を重ねてきました。

その結果、どんな料理にも共通する黄金のルールがあることに気づいたのです。それが、「火加減」と「塩加減」と「切り方」の3つです。素材による違いや各家庭の火力の違いなど、「違い」を見つけ出して、それぞれに対応するよりも、何にでも当てはまる「同じ」ルールを守るほうが、どれほどシンプルで簡潔でしょうか。**「違い」ではなく、「同じ」にこそ、物事の本質があると思います。**

たとえば、「牛肉を中火で加熱する」と書かれたレシピを見て、ある人はアルミのフライパンで焼き、ある人は南部鉄のフライパンで焼きました。同じレシピで焼いたにもかかわらず、できあがったのはまったく別の代物。アルミで焼いた肉はパサパサで固くなり、南部鉄で焼いたものは柔らかくジューシーに仕上がりました。手順だけをまねて、加熱の基本のルールを理解していないがために、こうした違いや失敗が生じるのです。反対に、火加減に共通する基本のルールを知っていれば、「熱伝導の高いアルミパンを使うときは火を弱める」という、あたり前の答えが導き出せ、アルミでも南部鉄でも、調理器具に関係なく同じものが焼けるようになるのです。

「同じ」を知ることこそ、調理の基本です。冗談で、私の教室は「料理教室」ではなく、「料理ジム」と言って笑いますが、まるでトレーニングジムのごとく、調理の「同じ」をくり返し、みなさんに説明しています。スポーツ選手が、正しいフォームを身につけるために、何度もくり返し練習して体得するように、料理も基本を身につけるためには、何度もくり返して体にしみ込ませる必要があるからです。

料理はもっと明解でシンプルになる！

基本のルールは、素材の中に存在します。鶏肉に火が通るということは、素材から見れば、焼くのも蒸すのも揚げるのも、中まで火が通って食べられるようになるという過程は同じことです。ゆでても焼いても、どんな鍋でも素材でも、60℃でたんぱく質が固まり、アミノ酸に変化するのは同じことなのです。決して複雑なことではありませんし、むしろ単純明快！　素材の構造と性質を理解すれば、そうだったのか！と誰もが膝を打ちたくなるはずです。基本はいつも同じであって、無理矢理違うルールにしてはならないのです。

ステーキ、ハンバーグ、シチュー……。まったく違う料理ですが、これらもおいしく仕上がる3つのルールは同じです。**一つ一つレシピが違うと思い込んでいるから、作ることが面倒になるし、応用もきかないのです。**料理に苦手意識があるのも、メニューや素材によって調理法が変わり、必ず美味しく作れるという保証がないからではないでしょうか。

料理の基本ルールである骨法をおさえずに、レシピの手順だけをまねても美味しいものは作れません。家庭によって鍋の大きさも火力も違えば、素材も異なります。レシピ通りに作ってもうまくいかない原因は、こうした調理条件に左右されるという、基本の原理を理解していないからです。

しかし、基本のルールさえわかれば、どんなメニューでも、素材でも、誰でも安心して美味しいものが作れます。何を作っても大きな失敗がなくなり、めちゃくちゃセンスがよくなくても、ある程度のレベルの料理がコンスタントに作れるようになるはずです。たとえ失敗しても、失敗の原因を自分で分析できますし、何度も同じ間違いをくり返さないようになります。

レシピ本を見るのは、組み合わせを参考にするときだけで充分。基本の調理はそのままで、素材を組み換えるだけですむのですから、とにかくラクです。**上手に切って、正しく加熱して、塩味をきちんとつけられれば、素材の良さを最大限に引き出すことができるので、余分な調味料も不要になります。**風味づけに必要なものをちょっと足せばすみますから、数も量もいりません。高価で特別な素材を用意しなくても、スーパーの特売品でも、見違えるように美味しくなります。基本のルールさえ守れば、簡単で、ラクで、経済的で、しかも美味しくなるというわけです。

これまでの常識にとらわれない、新しいシンプルルール、あなたも今日から取り入れてみませんか。料理自慢の方にも、料理にコンプレックスをお持ちの方にも、本書が新たな美味しさの発見につながると信じています。

２０１０年２月

水島弘史

強火をやめると、誰でも料理がうまくなる！◉目次

第1章 美味しい料理に強火はいらない！「火」を使いこなすルール

第2章 素材の味を引き出す！「塩」のルール

第3章 包丁使いで味が変わる！「切り方」のルール

第4章 「3つのルール」で 今日から献立自由自在！

カバーイラスト／信濃八太郎
本文イラスト／かねまつかなこ

プロローグ

定番レシピに大疑問!?
美味しさの常識を疑え!

水島シェフの
常識が変わる！　料理教室
ハンバーグを作ろう！

家庭の定番メニュー、ハンバーグ、あなたは上手に作れますか？

1. 玉ねぎをみじん切りにする。フライパンに油を熱し、玉ねぎが透き通るまで炒めて冷ましておく。
2. ボウルに玉ねぎ、合いびき肉、パン粉、牛乳、溶き卵、ナツメグ、塩、こしょうを入れ、粘りけが出るまでよく混ぜ合わせる。
3. 小判形に形を整え、空気を抜いて真ん中をへこませる。
4. フライパンに油を熱し、ハンバーグだねを入れ、強火で表面に焼き色をつける。
5. 裏返して両面に焼き色をつけたら、ふたをして弱火に落とし、中まで火を通す。
6. 竹串をさしてみて透明な肉汁が出てきたらできあがり！

これがハンバーグの一般的なレシピです。みなさん、たいていこのレシピにそって作っているのではないでしょうか。にもかかわらず、美味しくない！　焦げてしまう！　中が生焼け！　肉が固くてパサつく！　という失敗はありませんか。その原因は、あなたの腕が悪いからではありません。実はこの定番レシピにこそ、落とし穴があるのです。

微妙な火加減やフライパンの特性の違い、加熱による素材の変化など、こうした感覚的な要素は一般的なレシピには書かれていません。しかし、そこには素人には読みとれない、重要なポイントが隠れているのです。レシピも「行間」を読む必要があったのです。そこに気づかない限り、失敗を繰り返すのも当然。うまくいっている人は、たまたまできているか、自らの経験でコツをつかんだかのどちらかです。行間があって初めて成立するテクニックを「料理の常識」として思い込んでしまっていることが多いのです。

レシピに秘められた「行間」を読み解くために、私の教室に通う料理好きJ子さんとのレッスンを再現してみましょう。きっとこれ

まで「美味しさの常識」とされてきたことの見方が大きく変わってくるはずです。

玉ねぎを切っても涙は出ない!?

「先生、今日はよろしくお願いします。私、料理にはちょっと自信があるんです。愛読書はレシピ本ですから」

「そうですか。たのもしいですね。では、今日はハンバーグを作ってみましょうか」

「ハンバーグですか、定番ですね」

さっそく玉ねぎをトントンとリズミカルに刻みはじめるJ子。

「ちょっと待った！　あなた、そんな切り方したらダメですよ。細胞が全部潰れちゃうでしょ。だから涙が出るの」

「え？　玉ねぎを切ったら涙が出るもんじゃないの？」

「正しい切り方をすれば、涙は出ません！　包丁を上下に動か

して素材に押しつけるように切るから、細胞に圧力がかかって潰れちゃうの。そうすると、香りやうまみや水分が早く流れ出てしまうんですよ。素材にかかる圧力が最小限ですむ切り方があるんです。この切り方なら細胞から出る涙を促す成分も少なくてすみ、うまみも流出しないんです。**美味しい料理の第一歩は、切り方から始まっているんです**（詳しくは第3章参照）」

「ええ!? そうなんですか？ そんなこと今までどの料理本にも書いてなかったですよ。ちょっとした違いで、差が出るんですね」

フライパンは温めない!?

「はい、驚いてないで手を動かす」

「では玉ねぎを炒めます！」

フライパンに油を入れ、熱しはじめたところ……、

「ちょっと待った！」

「え？　また何か違いました？」

「あなた、**フライパンをいきなり温めちゃダメ！**　こんな熱いフライパンに玉ねぎをのせたら、すぐに焦げちゃうでしょ。**冷たいフライパンに玉ねぎを入れてから、油をまわしかけて火にかけるんです**」

「ええっ！　今までの常識と全然違う！　冷たいフライパンに入れるんですか！　しかも、油をまわしかけるですって！」

「そうです。熱いフライパンにのせると、素材がびっくりしてキュウーッと一気に収縮してしまうんです。だから水分やうまみが流れ出て、玉ねぎが水っぽくなるんです（詳しくは第1章参照）。**ゆっくり温度を上げていくのが、細胞を壊さないポイントです**」

「油は先にひかないの？」

「油を上からまぶすことで、全体に行き渡って玉ねぎをコーティングしてくれるでしょう。素材に急激な熱エネルギーが伝わるのを抑えてくれるから、うまみの流出も少なくてすみます」

「でも、油がしみ込んで油っぽくなりませんか？」

「そんな『非科学的』なことは起こりません。油は高温のものに吸着する性質があるので、仕上がったときには、素材ではなく高温のフライパンに移ります。はい、火加減は弱火ね」

「はい。焦がさないためね」

「野菜は弱火でゆっくり加熱することで、素材の甘みやうまみを引き出すことができるんです」

ハンバーグは手でこねない!?

「玉ねぎが冷めたので、合いびき肉を入れますね」

「違います！」

「またですかぁ？　今度はなんでしょう」

「肉は2段階に分けて結着させたほうがいいんです！」

ハンバーグは
いきなり手で
こねないっ!
アチョー!
練るぞ〜!!

「決着？」

「その決着じゃなくて、肉と肉をつなぎ合わせる結着です。まずは、肉だけを練り合わせて粘りを出すんです」

「そうなんですか？」

Ｊ子がボウルに手を突っ込もうとした瞬間、パシリ！

「手じゃダメです。木べらで混ぜてください」

「なんでなの？　手でしっかりこねて粘りを出すのが、ハンバーグだねを作るときの常識でしょう？」

「**ハンバーグはいきなり手でこねない！**　手の温度が伝わって、肉の状態が変わるのでつながりにくくなり、脂肪も溶け出し、本当の粘りが出ないうちにベチョベチョになってしまうからです。はい、まずは塩を加えて木べらでこねてください」

「ふうん、そうなんだ。木べらでね」

「そうそう、木べらで押さえつけるように練り混ぜます。これが一次結着ね。よ～く混ぜて粘りが出てきたら、炒めた玉ねぎやパ

ン粉や溶き卵などを加え、ここではじめて手でこねます。今度は手の温度を利用して、しっかり練り合わせてさらに粘りを出すんです。これが二次結着です」

「あ、今度は手なのね。ほ〜、すごい粘りけが出てきた。違うもんですね！」

「ひとつまみ」「少々」という塩加減はない！

「そういえばあなた、塩加減、ちゃんと量った？ ひとつまみとか少々なんかじゃダメだからね」

「ギクッ。いちいち量らないといけないんですか？」

「**塩は素材の0・8％**。肉をこねるときは肉の0・8％の塩を加え、玉ねぎや卵を加えた全体のハンバーグだねに対しても材料の重量の0・8％の塩を加えます」

「数字弱いんですよね。めんどくさ〜」

「塩をいい加減に扱う人は、塩に泣きます！ 味つけは塩で決まるといっても過言ではありません。料理の美味しさの決め手となる塩の分量があいまいであっては、大事な住まいの骨格が揺らいでいるようなものです。なんとなく味が決まらない一因も、ここにあるんですよ」

「そんなムキにならなくても……。でもなんで0・8％なんだろ、ブツブツ、細かいなぁ」

「0・8％というのは、細胞のバランスがつり合うため、素材から水分が流出したり、逆に余分な水分が入り込んで水っぽくなったりすることなく、風味も損なわれない濃度です（詳しくは第2章参照）。これは肉でも魚でも野菜でも同じこと」

「へえ、知らなかった」

「私たちの頭の中には塩分を感知するナトリウムセンサーがあって、体内の塩分濃度をつねに0・8～0・9％に調節する働きがあるんです。だから、0・8％の塩分は、本能的に美味しいと感じ

る濃度なのです」

「そんな科学的な根拠があったんですね。もう塩をおろそかにはしません！」

強火で表面を焼き固めない？

「はい、たねができましたね。では小判形にして焼いていきましょうか」

「はい、まかせてください！　あっ！　もしかして、ハンバーグも冷たいフライパンから？」

「よく気がつきましたね！　そうです、**冷たいフライパンにのせてください**」

「ふふ、一度で覚えますよ！」

ガチャッ、火をつけるＪ子。

「ちょっと待った！」

「今度はなんでしょう？　素直に焼かせてよ〜」

「火が強い！　**肉を焼くときは、弱火から弱い中火**です」

「それっていくらなんでも常識はずれですよ、先生。肉は強火で表面を焼いて、うまみや肉汁をとじ込めるんですから。私だってそのくらい知ってますよ」

「それが大きな間違いなんです！　**強火で焼くからこそ、うまみも肉汁も流出してしまうんです**」

「？？？？　今までの常識と反対じゃない……」

「玉ねぎと同じ。肉も強火で一気に焼くと、エネルギーが一気に伝わって細胞の収縮率が高くなります。そうすると、細胞の中にうまみや水分をとどめておけなくて、外に溢れ出てしまうんです」

「なるほど、理論を聞けば、その通りですね」

「表面は焼き色がついているのに中は生焼けだったり、あっという間に焦げて中がパサパサだったり。**そういう失敗は強火で加熱しているからなんです**」

「うう、これまでの失敗の原因は火加減だったのか〜」

「細胞の収縮を抑えて、うまみや水分をとじ込めるには、ゆっくり加熱すること。**弱い中火なら加熱のスピードが遅い**ので、細胞が急激に縮むことなく、**うまみも水分もしっかりとじ込めて**、柔らかくてジューシーな焼き上がりになるんです（詳しくは第1章参照）」

「強火で表面を焼き固めるといいっていうのは、もしかして、単なる思い込みだったんですね」

「その通り。ほら、アクが出てきましたよ。最初に出てくる水分は、肉の臭みなどの代謝物を多く含んでいますから、きれいにキッチンペーパーで拭き取ってください」

「いちいち一般的なレシピと違うな〜」

「あっ、ふたもしないでね」

「えっ？　ふたをして蒸し焼きにしないと、中まで火が通らないんじゃないの？」

「ふたをするとフライパンの中の温度が上がって加熱のスピードが早くなってしまいますから、ふっくら焼き上がりません。弱火から弱い中火でじっくり加熱すれば、表面に香ばしい焼き色がつくころには、中までしっかり火が通っていますから大丈夫ですよ」

「ところでこれ、いつひっくり返せばいいの？」

「**タイミングは素材の状態が教えてくれます。**肉の厚さの半分以上が白っぽくなって、表面に焼き色がついたらひっくり返します」

「じゃ、そろそろいい感じですね」

「反対側も同様に焼いて……。ほら、もうそろそろ焼き上がりですよ」

「わあい！　さっそくいただいていいですか！」

「どうぞどうぞ」

「むむ、切っても肉汁が流れ出ないぞ。先生、ほんとにとじ込められているんですか？」

POINT
・切り方
・塩加減
・火加減
フムフム
3つのルールで料理をおいしく!

「四の五の言わず食べてみてください」

「あっ、美味しい！　噛むとじわっと肉汁が広がる。肉のうまみもすごい感じます！　こんなハンバーグ、食べたことないかも！」

「切ったときに肉汁が皿に流れ出てしまうより、口の中で出てきてくれたほうがいいでしょ。上手に焼けば、ちゃんとうまみも水分も口にするまで温存できるんです」

「さっすが！　恐るべし水島理論」

料理は3つのルールで美味しくなる！

「ただハンバーグを焼くだけでも、今まで常識だと思っていたやり方が、実は無意味であったり、逆に失敗の原因になっていたことがわかったのではないですか？」

「ほんとに驚きの連続でした！」

「でも、難しいことはありません。**ポイントは切り方、塩加減、火加減。この3つのルールをおさえれば、どんな料理ももっと美味しくなります**」

「3つだけでいいんだ！」

「そうです。ハンバーグだけじゃなく、チキンや魚のソテーでも、揚げ物でも、野菜炒めでも、煮込み料理でも、このルールは共通しています。料理の本当のコツのコツですね」

「うん、なんだかできそうな気がしてきた。今までレシピ本を何冊も買ってきたけど、3つのコツさえおさえれば、どんな料理にも応用できるわけですね」

「そうです、料理は難しくありません。どんな料理でもどんなレシピでも、共通するルールが背景にはあるんです。そこさえ守れば、もっと簡単に料理上手になれますよ」

第1章

美味しい料理に強火はいらない！「火」を使いこなすルール

水島シェフの

常識が変わる！　料理教室

とんカツを作ろう！

揚げ物は冷たい油で揚げる!?

「J子さん、火加減はもうマスターできましたか？」

「はい、ばっちりです！　弱火にするだけで、料理の腕がグ～ンと上がったみたいです」

「それはよかった。では復習として、とんカツを作ってみましょう」

「えっ、揚げ物？　それは今までやってないですよ」

「油の量が多いというだけで、基本は〝焼く〟と同じです」

「そ、そうですか。まずは、豚肉に塩、こしょうして衣をつけて、油を温めるっと」

「ちょっと待った～」

「出たよ、先生のちょっと待った」

「揚げ物も〝焼く〟と一緒だって言ったでしょ。いきなり油を

高温にしてどうするの！　強火で一気に火が通っちゃいますよ。**揚げ物は冷たい油で揚げるんです**」

「ええー！　冷たい油で揚げるって、そんな非常識な」

「**衣をつけた肉をフライパンに並べて、上から油をかけるん**です。冷たい油に素材を浸し、中弱火でじっくり揚げていけば、ゆっくり熱が加わるため、素材の収縮率が抑えられるんです。だから、えびフライも縮みませんし、いかやほたてフライも、10分揚げても固くならず、パサパサにもなりません」

「ほ〜。あっ、でも火が弱いと油っぽくならない？」

「火が弱くても、油の温度が最後に向かって上がっていけば油ぎれもよくなります」

「あれ？　油の量はそれだけでいいの？　素材が全然浸ってないよ」

「いいんです。上から油をかけることで、素材の表面全体が油でコーティングされるでしょ。そうすると油に浸っていない部分に

もまんべんなく熱が伝わるんです。途中で裏返せば**素材の下半分が少しかぶる程度の油の量で、充分に揚がりますよ**」

「おお、エコだ！」

「油の温度が低いときから揚げると、油煙も上がらず飛び散らないから、キッチンも汚さずにすむでしょう。あとの掃除もラクですよ」

「それはうれしい！　これで揚げ物もマスターだわ」

＊注　ただし、同じ揚げ物でも、天ぷらは例外。天ぷら粉は分離型なので、油の温度が上がったところに素材を入れないと、衣が散ってしまうので注意してください。

強火で焼いても うまみはとじ込められない！

加熱による素材の変化を科学的に見れば、その理屈は矛盾だらけです！

肉は強火で焼き固めて、うまみをとじ込める。そう思っていませんでしたか。これまではそれが料理界の常識でした。しかし、これこそ大きな勘違い。**最初に強い火で焼くから、肉がそる、魚がそる、表面が焦げる、中は生焼けで表面だけ固くなる、ジューシーさは失われパサパサになる、うまみも流出する、といった失敗が生じるのです。**レストランでステーキを食べたとき、表面はこんがり焼き色がついているのに、中は血がしたたるほど生焼けだったり、嚙みきれずにがっかりしたりという経験はありませんか？ 料理のプロでさえ、強火による失敗を招くことが多々あるのです。

強火で焼き固める調理法がいかに矛盾しているか、加熱による素

材の変化を見ればよくわかります。素材を加熱すると、40〜55℃で細胞が収縮し、水分が放出されはじめます。肉のジューシーさやうまみが温存されるかは、実はこの温度帯をどのくらいのスピードで通過するかで決まります。

強火で加熱すると、この温度帯を一気に高速で駆け抜けることになります。すると、細胞は急激に収縮して、水分のロスが多くなります。つまり、肉汁たっぷりのジューシーさもうまみも失われてしまうわけです。

また、素材のアクや臭みが出はじめるのは、45〜60℃。この温度帯をゆっくり通過させ、素材内部の代謝成分をしっかり外に出して取り除いてやることで、臭みを抑えることができます。**先に表面を強火で焼き固める手法では、素材内部の臭みを持つたんぱく質が出にくくなり、逆に内部に停留しやすくなります。**「強火で焼いてうまみをとじ込める」といいますが、内側にとじ込められるのは、うまみではなく臭みなのです。

一方、弱火〜中弱火でじわじわと温めれば、ゆっくりと40〜55℃を通過します。細胞がびっくりして急激に縮まることがないため、必要以上に水分が出すぎてしまうこともありません。内側にはジューシーな肉汁やうまみがたっぷり残るわけです。このように、強火で焼き固めるのがよいというのは、調理科学の視点で見れば明らかにナンセンス。単なる思い込みにすぎないのです。

低温加熱と低速加熱の違い

ブームの低温加熱で美味しくなるのか？
加熱は、温度とその速度が重要！

昨今は弱火による低温での加熱が、うまみをとじ込める先端調理として注目されています。しかし、私が提案するのは低温加熱ではなく低速加熱です。一見同じようでまったく意味が異なります。

加熱した肉のうまみ成分が一番高くなるのは、中までしっかり火が通っている状態です。うまみとは、たんぱく質が加熱されて分解され、アミノ酸に変化することで作られるものだからです。この温度が60〜75℃。低温加熱とは、このたんぱく質に火が入るギリギリの温度である70℃程度をマックスに加熱をすることで、うまみを増やしながら、ジューシーさや柔らかさをキープするという調理法です。

　しかし、単に水分の温存と柔らかさのみを追求しただけでは美味しくはなりません。素材のうまみや水分をとじ込め、柔らかくジューシーに仕上げるには、いかにゆっくりと素材に熱を加えるかがポイントとなります。低温加熱は加熱の速度が考慮されていない場合が多いのです。

　一方、低速加熱は、素材にゆっくりと熱を伝える調理法で、加熱速度に焦点を当てています。たとえ中心温度が同じ60～75℃でも、そこに至るまでの速度が違うのです。

　レストランで、こんな経験はないでしょうか。豚肉のソテーをたのんだら、見た目はロゼでジューシーで柔らかいけれど、なんとなく生ぬるい感じがする。これは明らかに、単なる低温加熱で調理をしたものです。低速加熱をして仕上げたものであれば、見た目やジューシーさは同じでも、中までしっかり温まっているはずです。

単なる低温ではなく、低速でゆっくり加熱することで、同じ60℃でも加熱時間が長くなるため、中までしっかり火が通り、たんぱく質をアミノ酸に分解してうまみ成分に変えることができます。肉汁や柔らかさを保ちながら、同時に表面に焼き色をつけ、殺菌をすることができるのです。アクや臭みが出はじめる45℃も、ゆっくり通過するため、肉や魚独特の臭みもしっかり除去することができます。美味しさを引き出す条件を誰でも確実に再現できる、それが低速加熱です。

家庭のコンロは火力が強すぎる！

家庭の「火力」を誤解しているから、失敗の悲劇が起こる！

家庭のコンロは火力が弱い！ だから上手に肉が焼けない！ なんて、料理の失敗を火力のせいにしていませんか。業務用と比べれば、たしかに家庭の火力は弱いかもしれません。しかし、問題は火力ではなく、調理器具と火口《ひぐち》との距離なのです。

家庭用とプロのコンロの最大の違いは、五徳の高さです。家庭用は火口から鍋やフライパンまでの高さ、つまり五徳が低いため、炎が底にダイレクトに当たり、結果として火力が強くなってしまうのです。つまり、家庭の火は、非常に高速で高温になりやすい構造なのです。五徳が低すぎるのに火力だけが強くなっているため、焦げたり張りついたりしやすいのです。

豚の丸焼きや鮎の塩焼きは、炎の中で焼きますか？　炎の少し上にかざして焼きますよね。なぜ、薪で炊いたごはんが美味しいのでしょうか。理由はすべて同じです。炎に近づけすぎると炎の対流熱で焼きむらができてしまいます。この対流熱を避けて、炎のまわりの赤外線によって生じる輻射熱《ふくしゃねつ》で加熱することで、素早く均一に、美味しく焼き上げることができるのです。鍋やフライパンは炎で直接熱するのではなく、この炎の周囲の見えない熱＝輻射熱で熱することが、均一に充分に熱するポイントなのです。

　プロのコンロは、この輻射熱での加熱が可能な構造になっています。一見、強火に見えても五徳が高いため、火力に比例せず、思ったより低い温度で調理しているのです。

一般的には、コンロの表示に従い、炎の大きさだけで火力を判断していると思います。その結果、火口と器具との正しい距離感をなくし、一見「強火」という誤認を引き起こしてしまうのではないでしょうか。

加熱をするときは、鍋やフライパンの底に直接炎を当てることなく、炎と鍋底との間に、ある程度の距離をとることが大切なのです。つまり、家庭用のコンロでは「強火は必要なし!」というわけです。強火をやめれば、素材が焦げるリスクは大幅に下がり、鍋やフライパンの寿命は格段にのびます。ガス代の節約にもなりますし、油はねも減ってキッチンも汚れにくくなります。これぞエコだと思いませんか。

「フライパンを熱してから焼く」のは大間違い

一気に加熱されてしまうから、ベストの焼き上がりが難しくなる!

突然ですが、肉を焼いてみてください。そう言われたら、あなたは何から始めますか。まずフライパンを強火にかけて、温めるのではないでしょうか。たしかに、料理番組でも料理本でも、たいてい「フライパンを火にかけて熱し、素材を入れる」という手順からスタートします。実は、これこそ家庭のキッチンの悲劇を生んでいるのです。肉が固くなる、パサつく、野菜が焦げる、魚の皮がパリッと焼けない、フライパンがすぐにダメになる。これ全部、フライパンを強火でがんがん温めたことが原因です。

もちろん、フライパンを温めることがすべて悪いわけではありません。**強火で一気に加熱することが失敗を招く原因なのです。**フラ

イパンの表面を180℃にしようとしたとき、強火で1分で加熱するのと、弱火〜中弱火で3分かけて温めるのでは、素材に与えるエネルギーがまるきり違います。同じ肉をのせて、同じ時間焼いても、ジューシーさも柔らかさも大きく変わってくるのです。

強火で一気に温めたものは、エネルギーが急速に素材に伝わるため、細胞がギュッと収縮して固くなると同時に、素材からは一気に水分が出てしまいます。細胞の収縮率は、温度が上昇する速度に比例して大きくなるため、温度が急激に上がるほど縮み方も大きくなり、水分の居場所もなくなるのです。一気に加熱されることで、余分なアクや臭みが完全に出切らないうちに、表面だけ焼き色がつくため、臭みが残ったり、中は生のままということも多くなりがちです。

「フライパンを強火で熱する」今日からはこの概念を捨ててください。フライパンにかける火は常に弱火から中弱火です。じわじわと加熱することで、熱の伝わりにくい脂身や皮の下までしっかり加熱され、余分な脂やアク、臭みもしっかり出すことができます。この時点ではじめて焼き色をつける工程に進むため、外はパリッ、中はジューシーで、臭みもない肉が焼き上がるのです。

フライパンを温めることが悪いのではなく、フライパンが温まるまでの時間が重要であり、器具がゆっくり温まるほど、失敗のリスクは減少する、と覚えてください。

肉や魚が固くならない焼き方がある！

細胞の収縮、水分の流失をコントロールする加熱がポイント

肉や魚を加熱すると、固くなる。これも多くの人に共通する失敗の一つです。フライパンに素材をのせたとたん、鶏の皮が急激に縮んでいませんか？ 魚を押さえつけていないと皮がきれいに焼けないという事態になっていませんか？ ここに「固くなる」原因が隠されています。

肉や魚を柔らかく仕上げるには、細胞内の水分をいかに温存するかが決め手となります。しかし、素材を加熱すると、必ず細胞内部の水分は流出します。いかに優れたプロであれ、これは絶対に避けられません。この**水分をいかに残すように調理するかが腕の見せどころなのです。そのためには、素材をゆっくり加熱することが不可**

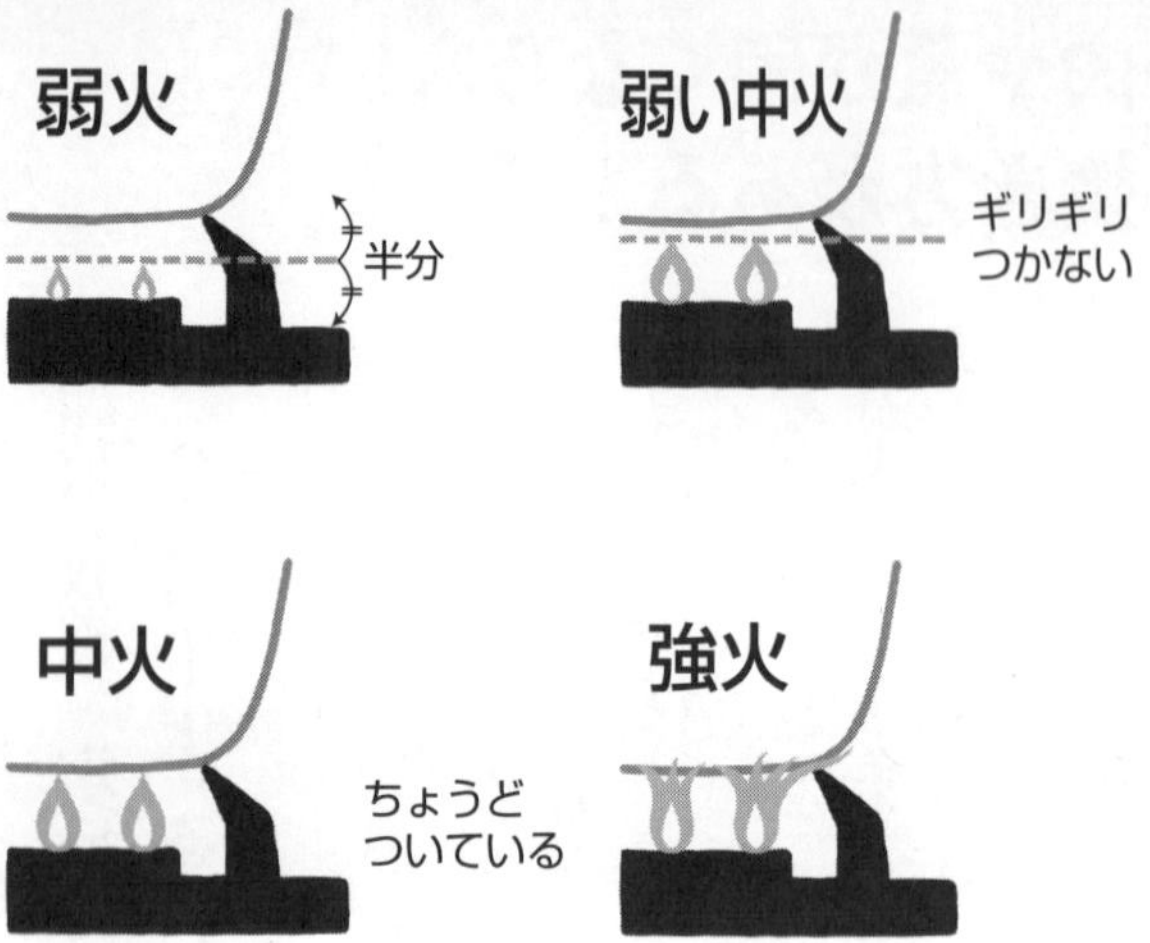

欠です。

肉や魚の固さを作り出すのは、コラーゲン質を含んだ細胞膜や筋内膜、結合組織などの筋組織です。この筋組織は、50℃という低い温度で収縮を始め、固くなります。熱々に熱したフライパンにのせたらどうでしょう。すでに200℃を超えていますから、肉や魚をのせたら結果は明白。一気に50℃を通過して、みるみるうちに細胞が縮んでそり返ってきます。熱々のフライパンに皮目からのせて縮まないほうがおかしいと思いませんか。キューッと細胞が縮めば、水分もジュワーッと一気に押し出されてしまいます。これが固くパサパサになる原因です。魚を焼いているときに、皮が急に丸まってきたり、肉がそってきたりするのも、筋が収縮する現象なのです。

一度、筋組織が収縮してしまったら後の祭り。決して縮まった細胞がもとに戻ることはありません。たとえ表面を焼き固めてから弱火にしても、余熱でガーッと加熱が進んでしまうため、細胞は収縮を続け、水分の流出も止まりません。

水分の居場所を残し、柔らかく仕上げるためには、急激な強い加熱を避けること。弱火～弱い中火でゆっくり温め、筋組織が凝固しはじめる50℃を、おだやかに通過させることが大切なのです。

「焼き色」を誤解していませんか？

「外が焦げているのに、中は生」の失敗はなぜ起こるのか？

こんがりと色づいた焼き色は、美味しさの基準です。そのために、表面を強火で焼いていませんか。

肉や魚などに焼き色がつきはじめるのは、動物として生命活動をしていたときの体温（生体温度）に戻った時点から始まります。一般的な生物の生体温度は30～45℃です。この生体温度を超えて、生から死に移行する段階は、素材内の成分が大幅に変化しはじめる温度帯で、うまみ成分や香味成分を生成するメイラード反応（アミノ・カルボニル反応）も、この死の温度帯から始まります。やがて、160～180℃に達すると、香ばしくカラッとした焼き色がつきます。

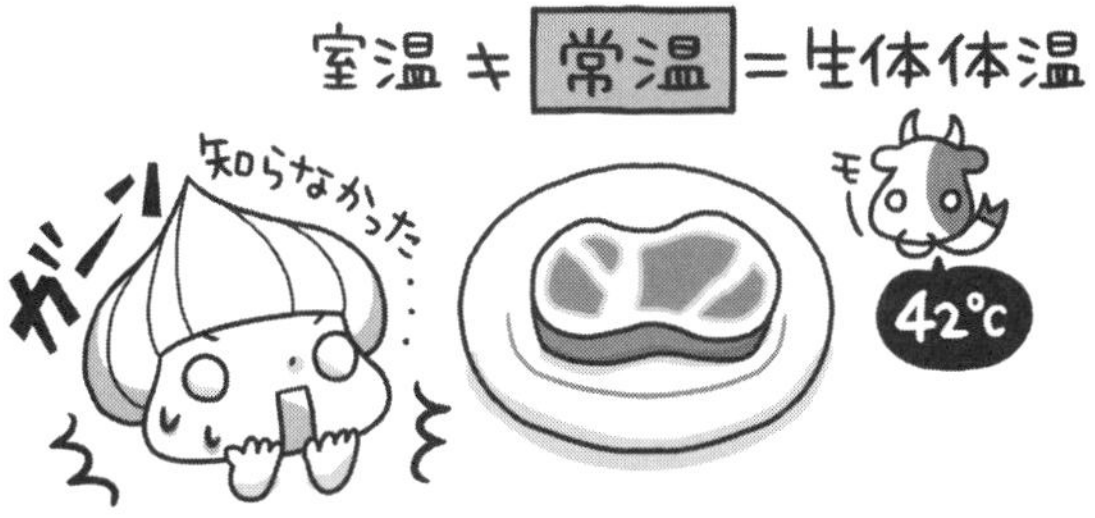

つまり、冷蔵庫で冷やした牛肉が、本来の体温である40℃くらいを超えた時点で、肉に火が入りはじめ、加熱による変化が起こりはじめるのです。**よく「常温にもどす」といいますが、常温とは室温のことだと思っていませんでしたか。常温とは動物としての生体温度であって、牛なら42℃、人間なら36℃というわけです。**

肉に焼き色をつけようと、フライパンを強火にかけるとどうでしょう。あっという間に熱くなり、生体温度どころか、メイラード反応を駆け足で飛び越え、１分で１８０℃を超えてしまいます。焼き色はすぐにつきますが、中まで火を通そうと、それ以上加熱を続ければ、真っ黒焦げになってしまいます。こんがりと香ばしい焼き色は、たしかに食欲をそそります。また、表面をしっかり焼くことで、雑菌の繁殖を防ぐこともできます。雑菌は表面に広がるように繁殖し、内側には広がらない性質があるため、殺菌のためにも表面に焼き色をつける意味があるのです。

ただし、最初から強火で焼き色をつけると、焦げやすく、中は生焼けという可能性が高くなります。こんがり色づいてしまうと、どのくらい焼けているのか把握できず、切ってみなければ中まで火が通っているかわからないという、調理人の手には負えないブラックボックスと化すわけです。

反対に火が弱すぎると、焼き色がつく前に、肉から水分がどんどん流出してしまいます。流れ出た水分を吸って、水っぽくブヨブヨとした食感になったり、焼き色がつくところには細胞内の水分がなくなって素材が固くなったりしがちです。

弱火〜中弱火という火加減なら、フライパンの表面温度を180℃程度に維持しやすくなります。焼き色がつく最適ラインで、それ以上高くなることはありません。肉を焦がすことなく香ばしく焼き色をつけることができるのです。

「加熱の科学」を理解しよう

加熱のしくみがわかれば、料理の「コツ」はおのずとわかる!

肉や魚を加熱していくと、素材の内部ではどんな変化が起こっているのでしょう。これがわかると、美味しく失敗なく調理するには、どんな加熱が適しているか理解できるはずです。素材の成分は、加熱の温度によって次の4段階を経て、刻々と変化していきます。

1. 40~50℃/肉などの動物系の細胞の細胞膜や筋膜が収縮する温度帯
2. 45~55℃/水分を放出することで余分な代謝物(細胞外の水分)を除去する温度帯
3. 60~75℃/たんぱく質が凝固して成分分解が進みアミノ酸が

増加、また体内で消化されやすい成分に変成する温度帯

4. 68〜80℃／コラーゲン質がゼラチンに分解されて柔らかさが高まる温度帯

ジューシーで柔らかい肉や魚に仕上げるには、これらの温度帯をどのくらいのスピードで通過するかが決め手になります。

強火による加熱は、この4つのステップを一気に駆け上がるようなものです。素材をフライパンにのせたとたん、表面がたちまち40〜50℃に達してしまい、細胞壁の破壊や筋膜の収縮が激しくなり、ギューッと収縮してしまいます。肉が固くなってパサパサするのは、強火で加熱することで、この温度帯を高速で駆け抜けるため。たんぱく質が固まって、うまみ成分のアミノ酸はできても、細胞の収縮が激しいために水分の流出は防げず、ジューシーさは失われてしまいます。

この微妙な温度変化を逐一把握するのは、プロでも難しいことです。肉のステーキや魚のソテーのように、素材を生かしたシンプルな料理がなぜ難しいのかというと、「表面に焼き色をつけようと高温で加熱すると、水分が奪われて固くなりやすく、中の水分を保つために低温をキープしようとすると、うまみ成分の変成が少なくなる」という、相反する条件のバランスのうえに成り立っているからです。

そこで中弱火（弱火〜弱い中火）のマジックです。**中弱火なら、これらの温度帯をゆっくり通過するため、焼き色がつくころには中心までしっかり火が通る反面、細胞の収縮率が抑えられるため、中の水分が保持され、ジューシーさがキープできるというわけです。**中弱火なら、素人でもプロに負けないステーキやソテーが簡単に焼けるのです。表面の焼き色は最初につけなくても、最後につければよいのです。

余熱のワナ

余熱をコントロールできるのはプロだけ！

「余熱で中まで火を通す」とよくいいます。しかし、これこそ失敗を招く一因。**余熱は、どのぐらいの火力で加熱したかによって、素材に伝わる熱が異なるため、まったく予測のつかない加熱法なのです。**

肉が美味しく焼けたと思ってお皿にのせると、しばらくして水分が出てきて、固くなったという経験はありませんか？　これも余熱予測の誤りによる失敗で、皿にのせた後も加熱が進んでしまった証拠です。たまたまうまく余熱で中まで火が通っていれば問題ないのですが、表面は焼けているのに、中が生という状態も多々あります。だからプロは「余熱調理は経験を必要とする」というのです。

余熱を具体的に理解するために、以下のようなことをイメージしてください。ここに2台の車があります。1台は時速100kmで走ります。もう1台は時速20kmで走ります。ある地点で急ブレーキをかけると、どんな違いが出るでしょうか。いうまでもなく時速100kmで走っているほうが停まるまでに時間もかかれば距離も長くなります。

余熱もこれと同じこと。強火調理は時速100kmで走っているようなものです。いくら後から弱火にしても、熱が伝わる大きさや速度は急には変わらないため、素材内部にその変化が伝わるまでにはタイムラグがあります。つまり、弱火にしても、しばらくは余熱で加熱がどんどん進んでしまうわけです。余熱が落ち着いて初めて低温加熱に切り替わるため、そのタイミングを見誤ると、火が通りすぎになるのは必至です。プロのレーサーなら、決められた停止線で停めることができますが、素人は自分が思っているよりずいぶん行きすぎてしまうことになるのではないでしょうか。高速で走っている以上、どこからブレーキをかければいいか、そのスピード感覚をつかむまでには、かなりの経験が必要なのです。素人が調理するには、やはり安全運転のほうが失敗のリスクが少なくなると思いませんか。

先に表面を焼いてから弱火に落として、中までゆっくり焼く手法も、最初から中弱火でゆっくり焼く手法も、どちらが間違ってるということではありません。どちらがより正確に素材の状態を把握できるか、加熱をコントロールできるか、ということが重要なのです。

加熱のベストポイントとは？

温度と速度のバランスのイメージを知っておこう

肉や魚を加熱するとき、最高に美味しく仕上がるベストポイントというものがあります。**「中心温度が上がって中まで火が通る」「中の水分量が保たれる」「表面に美味しい焼き色がつく」の3つの条件が揃った状態です。**このベストポイントを理解するために、加熱のイメージを62ページのようなグラフにしてみました。

Aは、熱していないフライパンに肉をのせ、中弱火でゆっくりと温度を上昇させる加熱法です。中心温度、水分量、焼き色の3つのラインが交わる時点がベストポイントで、180℃で焼き色がつき、水分を保ちながら、中まで火が通った状態を示しています。中弱火の加熱はこのようにシンプルで、ベストポイントを難なくクリ

加熱のスピードと素材の状態のイメージ

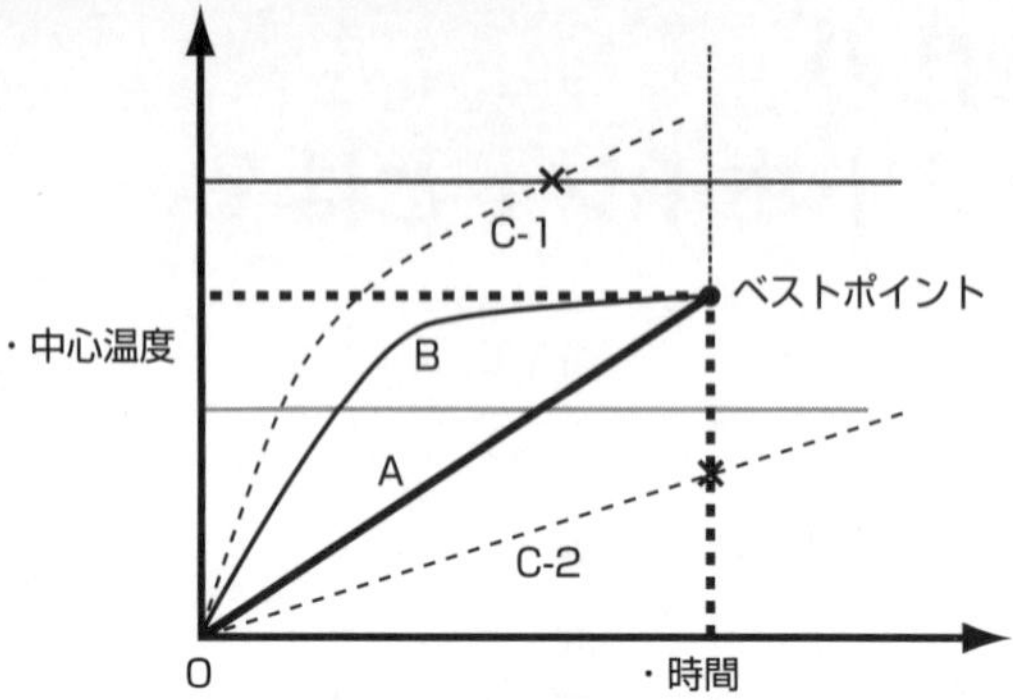

アできるのです。
Bは、適切な余熱加熱法のイメージです。強火で表面にさっと焼き色をつけて、早いタイミングで火力を落としてグラフのBの文字のあたりまで弱火で加熱し、そこからは火からはずして70℃程度の環境で保温し、最終的にはベストポイントまで余熱で火を通します。このように、先に焼き色をつける手法も間違いではありませんが、それをコントロールするのが難しいということです。
その余熱加熱の難しさを示したのが、C－1です。まず、表面に強火で短時間に焼き色をつけます。その後、弱火にしたり、オーブンに入れたりしてスピードを落として加熱します。最初に焼き色をつけるまではうまくいくのですが、高温・高加速の加熱は、余熱が進むスピードも速いので、火力を落とすタイミングが遅れると、表面が焦げる、水分がとんで固くなる、中が生焼けといった失敗に陥りやすいのです。

C-2は、低温加熱による失敗の例です。火が弱すぎると、温度の上昇も極端に遅くなるため、水分だけがとんで、焼き色はなかなかつきません。焼き色がつくころには、中の水分はすっかり抜けて、固くパサパサになってしまうのです。

このように、加熱によって素材がどのように変化しているかがイメージできれば、適切な火加減も理解しやすく、失敗の原因もつかみやすいのではないでしょうか。中弱火ならベストポイントに到達しやすく、焼き色がつくころには中心までしっかり火が通る反面、中の水分量が保たれるのです。ただ、加熱はいくつかの条件が複合で進むため、このグラフですべてを適切に表示できません。あくまでもイメージをつかむためのものだと思ってください。

できあがり「80%」のルール

100gの肉は、80gに焼き上げると一番美味しい

肉や魚の焼き上がりの判断を、何でしていますか？　よく「指で押さえてみて、耳たぶくらいの固さになっていればOK」とか「竹串をさしてみてにごった汁が出てこなければOK」といわれますが、本当に正しい焼き上がりをプロにでも正確に学ばない限り、どんなに本で読んでも、テレビで見ても判断は難しいのではないでしょうか。

もっとも美味しく、肉汁たっぷりに焼き上げるには、重量が一つの基準になります。目安は、焼く前の重量の80～85%程度。

たとえば、200gの肉を焼くなら、160gになるように仕上げると、中の水分やうまみが残り、ジューシーな焼き上がりになり

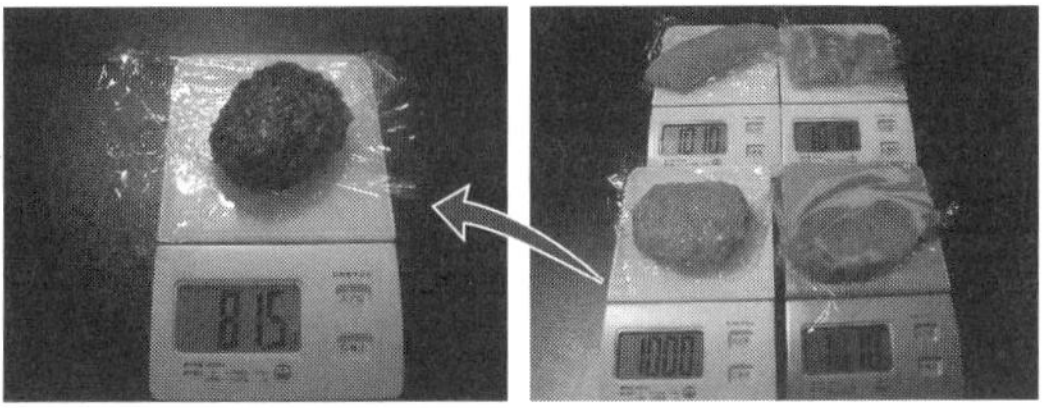

80～85％を目安に焼き上げる

ます。85～87％以上では、水分の流出は抑えられますが、加熱の時間も量も足りないため、中が生焼けだったり、アミノ酸が変化することで生成されるうまみ成分も少なくなります。一方、80％を下回る重量になると、あきらかに過加熱といえます。強火調理や余熱調理の誤り、あるいは極弱火による長時間加熱により、水分が大量に流出した状態です。これでは肉汁もうまみもないパサパサの焼き上がりになります。

80％のルールは、加熱による素材の変化を何度も分析し、データをとった結果、算出した数値です。これは、ちょうど素材から余分な水分が取り除かれた状態です。

生物の体内には、細胞の中に蓄えられてい

る「細胞内水分」と、細胞の外を循環している「細胞外水分」の2種類があります。細胞外水分は、そのうち約20％を占め、体液や血液のほか、細胞が代謝した老廃物も含まれます。加熱によって細胞が収縮すると最初に出ていくのは細胞外水分で、これがアクのもととなります。ジューシーで美味しく焼き上げるには、この細胞外水分を除去して、細胞内水分をいかに残すかということが重要になります。水分は、すべて温存することが美味しさにつながるわけではないのです。焼き上がり80％のルールとは、ちょうど20％の細胞外水分が取り除かれた状態で、細胞内水分と細胞外水分の比率にぴったり重なるのです。

これは、肉でも魚でも、加工したハンバーグでも野菜でも、どんな素材でも当てはまります。慣れるまでは面倒でも、素材の重さをいちいち量りながら焼いてみてください。まるで理科の実験のようですが、この正確さが美味しい焼き上がりを約束するのです。何度かしっかり量って素材の縮み具合をつかんでしまえば、あとは目分量でも80％のルールが守れるようになるはずです。肉に竹串や温度計をさし込まなくても、素材の変化を見れば、最適な焼き上がりをちゃんと教えてくれるのです。

レシピで見る 加熱の極意①

ステーキ

シンプルな料理なのに、肉が固くなったり、パサパサしたり、なかなかうまく焼けないステーキ。中弱火の火加減をマスターすれば、誰でも失敗なく、プロ並みのステーキが焼けます。

ここではウェルダンの焼き方を見ていきましょう。

まず、冷たいフライパンの上に肉をのせます。温めたフライパンにのせると、一気に熱が伝わって細胞が収縮して固くなり、水分の流出も多くなるため、必ず冷たいフライパンから焼きはじめます。

肉にサラダ油をまぶしてからめ、素材の重量の0・8％の⅓量の塩をふります（塩の分量については第2章参照）。油をまぶすと熱伝導がよくなるうえ、表面の乾燥をふせいで焦げにくくなります。脂肪分の多い肉を焼くときも、しっかりと油をまぶして素材にからめることで、余分な油を落とすことができます。

脂肪やコラーゲン質を含む部位は熱伝導が遅いので、皮目や脂身を下にして中弱火にかけます。**しばらくすると、シューッと焼ける音がします。大切なのは、この音です。音がまったくしないのは火**

が弱すぎ、パチパチと脂が弾けたら強すぎです。

フライパンが１００℃を超えたら素材からは必ず水分が出ます。ジューパチパチと音がして泡が出はじめる状態です。加熱を始めて、水分が出はじめるまでの時間はおよそ1分30秒～2分以内を目安にしてください。

水分が肉とフライパンの間に滞留すると、フライパンの表面が１００℃以上にならないため、蒸れて水っぽくなるうえ、いつまでたっても焼き色がつきません。**焼きはじめの肉から出てくる水分や脂分はアクなので、必ずキッチンペーパーで拭き取ります。**出てきた水分や脂をしっかり拭き取ることで、肉の臭みも取り除けます。フライパンの表面が乾くようならごく少量の油を足します。

この水分が蒸発してからはじめて焼き色の反応に移ります。中弱火で加熱した場合、５分ほどで１８０℃に達するため、充分に焼き色がつく温度になります。ここまでの工程で、強火にする必要はまったくありません。

肉の厚みの下⅓が白っぽくなったら、分量の⅓の塩を表裏に分けてふり、ひっくり返して裏面を焼きます。裏返した後、すぐに出てくる水分もアクなので、キッチンペーパーで拭き取ってください。なお、時間がたってから出てくる水分はうまみなの

recipe

ステーキ・ウェルダン

【材料】（1枚分）
牛ステーキ肉…200g
サラダ油…小さじ2
塩…1.6g
こしょう…2ふり

ここがポイント！
肉は冷たいフライパンで焼きはじめ、油を上からかける！

【作り方】
①フライパンに肉をのせ、サラダ油をまぶして、⅓量の塩をふる。
②中弱火にかける。

ここがポイント！
決して強火で表面を焼き固めない！

③焼きはじめに出てきた水分や脂をキッチンペーパーで拭き取る。油分が足りなければ少しサラダ油を足す。

ここがポイント！
焼きはじめに出てくる水分はアクなので、丁寧に拭き取ろう。

④肉の厚みの下⅓が白っぽくなったら、分量の⅓の塩を表裏に分けてふり、ひっくり返して裏面を焼く。
⑤肉の重さを量り、最初の重量の80〜85％になっていれば、取り出し、3〜4カットに切り分け、切り口に残りの塩とこしょうをふる。

ここがポイント！
焼き上がりは重量で判断すれば、串をさしたり指で弾力を確かめたりする必要もない！

で、拭き取らずにソースなどに利用するとよいでしょう。
焼き上がりの目安は、最初の重量の80％。焼く前の肉の重さを量っておき、ときどき肉を取り出してキッチンスケールで計量しましょう。80〜85％になったら取り出し、3〜4カットに切り分けて、切り口に残りの塩とこしょうをふってできあがりです。

この方法なら、切り口も美しいロゼ色で、切った後、しばらくおいても肉汁が出てきません。中弱火でゆっくり加熱すれば、余熱で加熱が過度に進まないため、肉汁やうまみがしっかり残って、美味しさを温存するのです。

この加熱法なら、ウェルダンでも本当に柔らかくジューシーなステーキが焼けます。きっと今までのステーキの常識をくつがえすことでしょう。こうして焼いた肉は、煮込み料理やスープにして長く煮込んでも、ジューシーさは損なわれず、固くなりすぎることもありません。

家庭では難しい、ミディアムとレアのレシピも紹介します。基本の火加減は同じ、中弱火です。

recipe

ステーキ・ミディアム

ミディアムを焼く場合、プロはオーブンを使って肉にゆっくり火を通しますが、家庭でもフライパンと脚つき網（ケーキクーラー）でオーブン加熱が実現できます。ミディアムは、肉の水分を多めに残す調理法のため、最初の重量の85％程度が美味しい焼き加減です。

【材料】（1枚分）
牛ステーキ肉…200g
サラダ油…小さじ2
塩…1.6g、こしょう…2ふり

【作り方】
①肉にサラダ油をまぶし、⅓量の塩をふる。
②フライパンを中弱火にかけ、肉の小片（温度確認用）をのせ、シューッという音がし、焼き色がつきはじめたら、肉をのせる。

ここがポイント！
フライパンが適温になったところで肉をのせる。

③焼きはじめに出てきた水分や脂をキッチンペーパーで拭き取る。
④軽く焼き色がついたら裏返す。

ここがポイント！
中弱火で焼き色をつける！

⑤裏面も同様に1分30秒で焼き色をつける。肉の側面にもまんべんなく15秒ほどうっすらと焼き色をつける。火加減はずっと中弱火でOK。
⑥フライパンの上に脚つきアミを置き、分量の⅓の塩を肉の表裏に分けてふり、アミの上に置く。ふたをして4分、中弱火で加熱する。
⑦ふたを開けて裏返し、再びふたをして4分加熱する。火を止めてふたをしたままの状態で5分おく。
⑧最初の重量の85〜87％になったら取り出し、3〜4カットに切り分けて、切り口に残りの塩とこしょうをふる。

recipe

ステーキ・レア

レアもフライパンと脚つきアミを使った「オーブン加熱」で調理します。火加減は弱い中火。ミディアムとは逆に、まずオーブン加熱で肉を温めてから、最後に30秒〜１分ずつ表裏に焼き色をつけます。レアは焼く前に塩をしないのがポイントです。水分を多めに残したいので、肉の重さが最初の重量の90％になる程度が美味しい焼き加減です。

【材料】（１枚分）

牛ステーキ肉…200g
サラダ油…小さじ2
塩…1.6g、こしょう…2ふり

【作り方】

①肉にサラダ油をまぶす。
②冷たいフライパンに脚つきアミを置き、その上に肉をのせて弱い中火にかける。
③５分加熱して、表面が白っぽくなったら、肉を裏返す。
④ふたをして弱い中火でさらに３分加熱する。
⑤分量の⅔の塩を表裏に分けてふる。
⑥脚つきアミを取り除き、肉をフライパンに直にのせ、弱い中火で30秒〜１分を目安に焼き色をつける。
⑦肉を裏返し、もう一方の面にも同様に30秒〜１分で焼き色をつける。
⑧ 最初の重量の90％になったら取り出し、３〜４カットに切り分け、切り口に残りの塩とこしょうをふる。

ここがポイント！
焼き色をつけるときも、強火は禁物！

ここがポイント！
レアは肉の内側に水分が残るので、仕上がりの重量は90%程度でOK!

弱火〜中弱火を使いこなす！

失敗のリスクがなく、もっとも美味しく焼ける火加減、それが中弱火！

誰でも失敗なく、うまみたっぷりのジューシーな肉や魚を焼くことができる火加減、それが弱火〜中弱火です。

弱火〜中弱火なら、食材を焦がすこともありません。

弱火〜中弱火なら、中が生焼けになることもありません。

弱火〜中弱火なら、食材が固くなったり、パサパサになることもありません。

これが弱火〜中弱火の実力です。高額フライパンでなくても、スーパーの特売品でも、充分にクオリティーの高い肉や魚が焼けるのです。ゆったりと無駄のない手順と動作を身につけることでゆとりが生まれ、本当の手早さにつながりますが、素材をゆっくり加熱す

る中弱火なら、あわてずに調理ができ、失敗も少なくなるはずです。
弱火〜中弱火調理の基本的な流れは、次の通りです。

1. 熱していないフライパンに素材をのせ
2. 中弱火をキープして徐々に温度を上げていき
3. その間にアク取りをして
4. 後半で表面に焼き色をつけ
5. 最終的に中まで火が通り、焼き上がりが最初の重量の80〜85%の間になっている

いたってシンプルだと思いませんか。フライパンに素材をのせて中弱火にかけても、1〜2分はジューッともパチパチともいわないため、不安になるかもしれません。しかし、あわてることなかれ。**しばらくすると、シューッという音が聞こえはじめ、小さい泡が出てきます。これが、フライパンの表面温度が１００℃に達した合図。この音がひときわ大きくなったときが１３０℃で、野菜を炒める適温です。さらに加熱を続けると、水分がパチパチ弾ける音がしてきます。これこそ、肉や魚をもっとも美味しく焼くのに最適な１８０℃のサイン。**この温度で充分に焼き色がつくので、それ以上強火にする必要はないわけです。

冷たいフライパンから、しかも中弱火で焼くので時間はかかります。でも、仕上がりは柔らかく、とってもジューシー。切ってしばらくおいても、切り口からは肉汁が最小限しか流出しません。ゆっくり加熱すれば、加熱が過度に進まないため、細胞内の成分の移動が抑えられ、肉汁が温存されるからです。

中弱火こそリスクが少なく、かつクオリティーの高い仕上がりを実現する一番の近道なのです。

フライパンに出てくる肉汁は「うまみ」ではない！

肉を焼くときにも〝アク〟は出てくる!?「肉汁」の正体は実はアク！

肉をフライパンで焼くとき、アクは取りますか？　では、しゃぶしゃぶや水炊きをするときはどうでしょう。必ずアクを取りますよね。**同じ肉なのに、煮るときはアクを取り、焼くときは放っておく。矛盾していると思いませんか？**

フライパンで焼いても、アクは出てきます。肉や魚を加熱していると、フライパンに水分がしみ出してきますが、出るのは水分だけではなく、同時に素材内部の余分な代謝物も、水分とともにしみ出してきます。これがアクの正体です。つまり、肉を煮るときは「沸騰したら」アクを取り、フライパンで焼くときは、「水が出てきたら」アクを拭き取る、が正解です。アクを取らずにフライパンに焼

きつけているから、臭みが出て美味しく焼けないのです。ましてや素材から出てきたこの水分こそ素材のうまみと信じて、ソースを作ったとすれば、それはうまみたっぷりソースではなく、アクで作った「悪《あく》ソース」になるわけです。アクには、素材から流出したたんぱく質も含まれます。たんぱく質は温度が上昇すると凝固する性質があるため、素材表面を強火で急速に焼き固めると、アクをとじ込めてしまうことにもなります。

フレンチには、肉を取り出した後の肉汁で、ソースを作るレシピがありますから、矛盾してるぞ、と思うかもしれません。出てくるのはアクばかりで、肉汁もうまみもないなら、ソースなんて作れないではないかと。たしかに、加熱直後や裏返した後にまもなく出てくる水分はアクです。ところが、**弱火から弱い中火で時間をかけて焼いていると、しばらくして、ごくわずかですが、肉汁やうまみが出てきます。この最後に残った流出物こそ、ソースのもととなるのです。**

いずれにしろ、ソースに肉汁がたっぷり含まれるより、肉そのものにうまみがとじ込められているほうが、絶対に美味しいと思いませんか。弱火から弱い中火で焼けば、肉汁やうまみは肉のなかにとじ込められてほとんど流出しません。そのうえで、最後にわずかに出てくるうまみでソースを作れば、逃さず利用できるわけです。

プロの料理人は、焼き油は必ず取り替えながら焼いていきます。とくに最初の焼き油は神経質なくらいきれいに捨て、必ず新しい油を補います。アクのしみ出した油では、決して美味しく澄んだ料理に仕上がらないからです。**家庭でも、最初に出てきた水分はキッチンペーパーなどでしっかり拭き取り、油分が足りなくなれば、補いながら焼き上げてください。**

レシピで見る 加熱の極意②

ハンバーグ

肉汁たっぷりのジューシーなハンバーグ。誰もが大好きな定番料理の1つですが、ここにも勘違いしたまま「常識」とされているレシピが数多く見られます。

もっとも大事なのは、肉の結着です。**最初は、ひき肉に塩をして、木べらで混ぜて粘りを出します。絶対に手で混ぜてはいけません。**ひき肉に塩を加えて練ることで、肉の筋肉の成分が1つにまとまる結着という化学変化を起こします。このとき、手の体温が伝わると、肉が結着する前に細胞が変成を始め、つながりが悪くなってしまうのです。

木べらで練り、表面がねっとりつながった状態になったら、ここで初めて、他の具材と合わせて手で混ぜます。肉が白っぽくなり、毛羽立った糸のような粘りが出るまでしっかり混ぜましょう。

焼き方は、これまでの焼き方のルールに従って、冷たいフライパンにハンバーグをのせ、ふたをしないで、弱火から弱い中火でゆっくりと加熱していきます。最初に出てきた水分は、アクですから、しっかり拭き取ってください。

焼き上がりの目安は、焼く前の重量の80％。肉の表面を押したり、竹串をさしてみなくても、重量を量るだけで、もっともおいしい焼き上がりが判断できます。

このやり方を守れば、パサパサすることも、固くなることもない、ジューシーハンバーグができあがります。弱火でじっくり焼けば、細胞が過剰に収縮しないため、ハンバーグを切っても肉汁がじゅわっと溢れ出ません。その代わり、口の中で噛んだ瞬間に、うまみと肉汁が広がるでしょう。

recipe

ハンバーグ

【材料】（1人分）
合いびき肉…100g
塩（肉用）…0.8g（肉の0.8%）
玉ねぎ…M ⅙個（生30g、炒めて20g）
サラダ油（炒め玉ねぎ用）…大さじ½
パン…10g
牛乳…大さじ⅔（10g）
溶き卵…大さじ⅔（10g）
ナツメグ（粉）…1ふり
塩（肉だね用）…小さじ1/12（0.4g）
こしょう…2ふり
サラダ油（焼き用）…小さじ1

ここがポイント！
ハンバーグだねの塩分量は、炒めた玉ねぎ＋パン＋牛乳＋溶き卵の重量の0.8%。

◎バルサミコソース
バルサミコ酢…20g
無塩バター…10g
塩…0.1g

ここがポイント！
玉ねぎもフライパンに入れてから火にかけ、弱火でじっくり炒めて甘みを引き出すこと。

【作り方】
①玉ねぎはみじん切りにし、フライパンに入れてサラダ油をまわしかけ、弱火で透き通るまで炒めて粗熱をとる。
②ボウルに、冷ました玉ねぎ、ちぎったパン、牛乳、溶き卵、ナツメグを入れ、肉だね用の塩、こしょうを加えて木べらでよく混ぜる。
③別のボウルに合いびき肉だけを入れ、肉用の塩をふり、木べらで押さえつけるようにしながら、ネチョッとするまで練り混ぜる。
④肉に粘りが出てきたら、②を合わせ、肉だねを手で混ぜてさらに粘りを出し、ボウルに叩きつけるようにして空気を抜いておく。

⑤肉だねを小判形に整えて空気を抜き、真ん中をへこませて、サラダ油をひいたフライパンに並べる。

ここがポイント！
ここではまだフライパンを火にかけない！

⑥フライパンを弱火にかける。
⑦出てきた水分をキッチンペーパーで拭き取る。

ここがポイント！
焼きはじめに出てくる水分は、アクなので丁寧に拭き取る。

⑧肉だねの厚みの下半分が白っぽくなって、裏面に焼き色がついたら裏返す。
⑨裏表合わせて10〜13分ぐらい加熱し、ハンバーグを木べらで軽く押して、表面に透明の肉汁が出てくるようになったら焼き上がり。

ここがポイント！
重量が焼く前の80%程度になっていたらOK。

⑩ソースを作る。バルサミコ酢を鍋に入れて中火にかける。
⑪少しとろみが出るまで½量に煮詰め、塩をする。
⑫バターを入れ、泡立て器でかき混ぜて乳化させ、皿にしいてハンバーグを盛りつける。

「野菜は弱火で炒めると水っぽくなる」も大間違い

弱火で炒めても水っぽくならない！ シャキシャキの野菜炒めができる！

一般的に、野菜を弱火で炒めていると、ベチャベチャして水っぽくなる、といわれます。中華料理のように、強火でパパッと炒めることが、シャキシャキの歯ごたえを残すポイントだと思い込んでいる人も多いのではないでしょうか。

これには俄然、反論します。むしろ、強火こそ水っぽくなる最大の原因なのです。強火で熱したフライパンに肉や野菜をのせたら、ジュワーッという音とともに、油がバチバチはねて、蒸気が上がりますが、これぞ大量の水分が一瞬にして放出している証拠です。

野菜から水分が出るのは、細胞壁の表面の膜であるペクチンという食物繊維が70～75℃で分解されるため。強火ではたちまちこの温

度帯に達し、細胞壁は破壊され、水分のロスも多くなることは、データが明確に示しています。野菜炒めが水が出てベチャベチャになるのは明らかに強火で炒めているからにほかなりません。プロも認めるように、**強火で短時間で加熱した炒め物は、時間がたつと必ず大量の水が出てくるのです。**

これまで、野菜炒めは強火がよしとされてきたのも、高温で加熱することで流れ出た水分が蒸発し、結果として水が出ていないように見えるだけのことです。弱火だから水が出るのではなく、火が強すぎるから水が一気に出てしまい、加熱後にもまた水が出てくるのです。

一方、**弱火でゆっくり加熱すれば、細胞壁**

のペクチンが温存され、一定量以上の水分は流出しません。野菜のシャキシャキとした歯ごたえやみずみずしさが残ります。野菜の甘みは7〜10分ぐらいかけてじわじわ出てくるため、強火でさっと炒めるよりも、弱い火でじっくり炒めるほうが、甘みも引き出しやすいのです。実際に、弱火でもやしを10分炒めたものは、冷めても3日たっても5日たってもシャキシャキ感とうまみを保っています。

ただし、弱すぎても時間がかかりすぎて逆に水分の流出が多くなります。野菜炒めにも弱火が最適なのです。

野菜は弱火で炒めるべし。これまでの常識とは百八十度異なる加熱法ですが、弱火で時間をかけて炒めれば、甘みは増し、冷めてもシャキッと感が損なわれることはないのです。

野菜炒め

先ほど見たように、野菜炒めにも強火は必要ありません。これは野菜の構造を見れば一目瞭然。野菜の細胞壁は、ペクチンという食物繊維の膜で覆われています。ペクチンは、70～75℃に達すると分解されるため、野菜を加熱するとやがて水分がしみ出してくるのです。強火では、あっという間にこの温度帯に達し、細胞壁はたちまち破壊されてしまいます。水分も一気に流出して、しみ出した水分で炒め物がベチャベチャになるのです。野菜炒めが水っぽくなるのは、弱火だからではなく火が強すぎるからです。

熱したフライパンに野菜を入れてから弱火にするのも、はっきりいって意味はありません。すでに細胞壁はこなごな。野菜を入れて、30秒で勝負は決まってしまうからです。

一方、弱火でゆっくり加熱すれば、細胞壁のペクチンが温存され、野菜のシャキシャキとした歯ごたえやみずみずしさが残ります。野菜の甘みは7～10分ぐらいかけてじわじわ出てくるため、強火でさっと炒めるよりも、弱い火でじっくり炒めるほうが、甘みも

recipe

3日たっても シャキシャキのもやし炒め

【材料】(2人分)
もやし…100g
サラダ油…10g
塩…0.6g

【作り方】
①フライパンにもやしを入れ、サラダ油をまわしかけてよくあえる。

ここがポイント!
野菜は冷たいフライパンに入れるべし! 油は野菜の上からまわしかける。

②弱火にかける。出てきた水分はキッチンペーパーで拭き取る。

ここがポイント!
野菜は強火で炒めない!

③シューッと音がしている状態を保ちながら、2分に1回、上下を入れ替えるように混ぜる。

ここがポイント!
野菜は時間をかけてじっくり炒めることで甘みが出る。

④10分程度炒めたら、塩をふる。

引き出しやすいのです。

では、もやし炒めを作ってみましょう。もやしを洗って水けをきり、冷たいフライパンにのせて油をまわしかけます。野菜も油でコーティングしておくと、色焼けが防げますし、色が抜けません。うまみも風味も、シャキシャキとした歯ごたえも残るため、時間がたっても水っぽくならず、冷蔵庫で5日はもちます。

弱火にかけて炒め、加熱後まもなく出てきた水分や余分な油は、必ずキッチンペーパーで拭き取ってください。残っていると、もやしが蒸れて水っぽくなります。鍋底を見て油のテカリが少ないようなら、油を少量足します。

野菜炒めは、焼き色をつける必要がないので、フライパンの表面温度は最高130℃が目安。強火ですぐに焼き色をつけてしまうと、その部分はやがて炭化して甘みから苦みに変わります。それを防ごうと、不十分な炒め具合で加熱を中断すると、うまみは出ないうえ、表面の細胞は強火のダメージを受けているため、時間がたつとどんどん水分が流出してしまうのです。

野菜炒めの火加減も基本は弱火。野菜がしんなりしてきたら、すぐにフライパンから取り出してください。これで3日たってもシャキシャキのもやし炒めができあがります。

「油抜き」では「脂」が落ちない！

油を使いこなせてはじめて、素材の「うまみ」が引き出せる！

油をひかずに肉を焼くとヘルシーといわれますが、果たして本当でしょうか？　油を理解せずに、油を使わないことだけに苦心するほど、おろかな話はありません。

もっとも重要な油の役割は、素材を保護することです。調理器具は、緻密な分子構造になっているため、熱伝導が早くなります。油をひかずに素材を入れると、やけどの水ぶくれのような焼き色がすぐつきます。**油がない状態で素材が金属に直接接すると、大きなダメージを受けてしまうわけです。細胞がダメージを受ければ、うまみの流出も大きくなります。**

一方、油を媒介にすれば、素材の凹凸部分にもある程度均一に熱

を伝導させることができます。また、金属より油の熱伝導のほうが遅いため、素材に急激な熱エネルギーが伝わるのを抑えてくれます。その結果、うまみの流出も少なくてすむわけです。また、油でコーティングされることで、素材の栄養素の損失も抑えることができます。

中華料理は、油をしっかり素材にからめているからこそ、強火で炒めることが可能になるのであって、油なしに強火にさらせば、素材のうまみも秒殺されてしまいます。油はうまみを温存するために不可欠なのです。

もう一つ重要な役割が、油は脂を落とすということ。肉の脂身を残す人をよく見かけますが、それも納得。脂は不純物を含みやすいため、臭みが残りやすく、うまく脂が処理されていないと、美味しく感じられないのです。

脂を上手に落とすには、脂は油で吸い出すこと。女性は皮脂汚れやメイクの油分をオイルクレンジングで落としますよね。肉を焼くときも同じです。脂を落とすには、最初に油をしっかりひいて、しっかり素材にからめる必要があります。油を使うことではじめて、肉の脂が吸い出されて、素材の外側に出ていくのです。

仕上がった肉が油っぽくなるのでは、と心配する方もいますがご安心ください。油は温度が低いと粘りがあり、素材にまとわりつきやすい状態になりますが、温度が上がるとサラサラの状態になり、温度の高いほうに動いていきます。**仕上がりの時点でフライパンの温度が充分に上がっていれば、素材に吸着していた油はフライパンのほうに自然に離れていきます。**揚げ物の二度揚げはこの原理を応用してカラッと揚げる調理法です。

油をひかずに肉を焼くのは、皮脂を落とさずに化粧水をつけているようなもの。油を抜いては、かえって本当の脂抜きができていないのです。肉を焼くときもオイルクレンジングをすることが、臭みや脂っぽさを取り除く重要な作業なのです。

レシピで見る 加熱の極意④

揚げ物

揚げ物は、油の量が多いというだけで、基本は「焼く」と同様、弱火から弱い中火で揚げていきます。低い温度でゆっくり揚げるため、素材の収縮率が抑えられ、固くなることがありません。えびフライも縮みませんし、いかフライやほたてフライも、10分揚げても固くならず、パサパサになりません。

レストランの揚げ物が美味しいのも、大きな鍋に大量の油を入れて揚げることで、高温になるのを防げるから。家庭の小さい鍋では、容易に温度が上がりやすく焦げやすいのも当然です。また、素材を入れたとたん一気に温度が下がり、コントロールも難しくなります。

家庭でプロの真似は無理ですが、弱火から弱い中火の火加減をマスターすることで、デメリットを解消して、ふんわりカラッとした揚げ物ができるのです。低温でじっくり加熱することで、中までしっかり火が通り、色づいたときには中まで火が通っていますから、半生などの失敗もなくなります。油の温度が低いときから揚げることで、油煙も上がらず飛び散らないため、キッチンも汚さずにすみ、掃除もラクチンです。

低温で揚げると油っぽくなるのでは、という心配もご無用。油は温度の高いものに吸着する性質があるため、仕上がりに向かって徐々に温度が上がっていけば、最終的に油は素材ではなく鍋に残って、油ぎれもよくなります。

同じ揚げ物でも、天ぷらの場合は衣が分離型なので、油の温度が上がってから揚げないと衣が散ってしまいます。注意してください。

recipe

ポークカツレツ「ミラノ風」

【材料】（1人分）
豚ロース肉…100g
塩…0.8g（肉の0.8%）
こしょう…2ふり
薄力粉…10g
卵…1個
パン…40g
パルメザンチーズ…10g
オリーブオイル…肉の下半分より少しかぶるくらいの量

◎バターソース
無塩バター…10g
レモンの絞り汁…5g
塩…0.1g

レモン…1/8個

【作り方】
①パンを1cmの薄切りにする。130～140℃のオーブンで40分乾かす。おろし金ですりおろし、パルメザンチーズのすりおろしと合わせておく。

ここがポイント！
手づくりのパン粉にパルメザンチーズを加えるのが、ミラノ風カツレツ。

②肉を肉叩きで叩いて2倍ぐらいの大きさにのばし、塩、こしょうする。

ここがポイント！
塩は肉の重量の0.8%！

③溶き卵にオリーブオイル2gを加えてよく混ぜる。
④肉に薄力粉、溶き卵、①のパン粉をつける。その際、最初

の薄力粉は肉の表面が透けて見えるくらい、しっかりはたいて薄づけにすること。
⑤フライパンに豚肉をのせ、上からオリーブオイルをかける。

ここがポイント！
肉は冷たいフライパンにのせ、上から油をまわしかける！

⑥肉の下半分より少しかぶるぐらいまで油を入れて弱火にかける。

ここがポイント！
油の量は素材が隠れるまで入れなくてOK。下半分より少しかぶる程度で充分！

⑦色づいたら裏返し、反対側にも焼き色を軽くつける。
⑧両面に焼き色がついたら、少し火加減を強め（弱い中火）、泡が大きくなったら引き上げる。

ここがポイント！
最終的に弱火から弱い中火まで、火加減を強めることで油ぎれがよくなる！

⑨キッチンペーパーにとって肉の油をきる。
⑩フライパンの油をあけ、バターを入れて中火にかける。色づいてきたらレモン汁と塩を加える。
⑪皿にカツレツを盛りつけ、⑩のバターソースをかけ、カットしたレモンを添える。

ポーチドエッグ、オムレツ

「ふわふわのオムレツが焼けない」「半熟卵ができない」など、シンプルな料理ですが、意外と失敗の多い卵料理。その最たる原因は火加減です。火が通りやすい素材だけに、ちょっとした火加減の差で、焦げてしまったり、固くなってしまったりと、仕上がりに大きな違いが出てしまうのです。

卵料理も、基本は弱火から弱い中火。一気に素材の温度が上昇しないため、あわててかき混ぜたり、裏返したりしなくても、余裕をもって調理できます。この火加減を守るだけで、繊細な卵料理もマスターできるでしょう。

●ポーチドエッグ

「酢はたんぱく質を固める」という固定観念から、卵をゆでるときに酢を入れる人がいますが、ゆで卵もポーチドエッグも、沸騰した湯に入れれば充分固まります。たんぱく質を固めるには、塩を湯に

recipe

ポーチドエッグ

【材料】（1人分）

卵…1個
水…700ml
塩…10g

ここがポイント！

水に入れる塩分は1.5%。卵にからむ仕上がりの塩分はちょうど0.8%ぐらいになる。


【作り方】

①鍋に水と塩を入れて火にかけ沸騰させる。

ここがポイント！

火加減は鍋肌に気泡がちりちり沸いている状態をキープ。弱すぎると卵白が広がりすぎ、強すぎると卵がくるくるまわって、うまくまとまらない。

②ボウルに卵を割り入れ、鍋肌に近いところからボウルごと湯に沈め、すみやかに卵を落とし入れる。

ここがポイント！

水は、火口から鍋肌に向かって回転するように対流するので、その流れを利用して卵をまとめる。

③少し火を強め、卵が軽く浮き上がり、その対流で卵白が卵黄を包むようにまとまってきたら、再度火を弱火にして2分加熱する。

④玉じゃくしですくいあげ、鍋底に向いていた面が上になるように返しておく。

入れることのほうが有効です。鍋肌に気泡がちりちり沸いている状態をキープできる火加減で、湯の対流を上手に利用して卵をまとめます。

recipe

プレーンオムレツ

【材料】（1人分）
卵…L2個（115〜120g）
牛乳…大さじ1⅓（20g）
塩…小さじ⅕（1.1g）
こしょう…2ふり
無塩バター…5g

【作り方】
①卵をボウルに割り入れ、菜ばしで切るように混ぜる。
②牛乳、塩、こしょうを加え、さらによく混ぜる。
③火にかけていないフライパンに無塩バターをこすりつけるように塗り、卵液を流し入れる。

ここがポイント！
卵液は火にかけていないフライパンに入れる！

●オムレツ

オムレツも火加減はこれまでと同じ、弱火から中弱火です。一気に固まってしまうことがなく、確実に「ふわふわのオムレツ」を焼けるようになります。

オムレツがうまく焼けない最大の原因は、卵の量とフライパンの大きさが合っていないこと。直径20cmのフライパンなら卵3個、26〜28cmでは6個は必要です。フライパンの大きさに対して、卵の量が少なすぎると、早く固まりすぎて、仕上がりが固くなります。素

ここがポイント！
火加減は弱火を守ること！

④フライパンを弱火にかけ、卵液を底からはがすように木べらでゆっくり混ぜる。
⑤全体が固まってきたら、フライパンを火から外してさらに30秒、卵液がフライパンの底で流れなくなるまで混ぜる。
⑥フライパンを傾けて卵をへりに寄せて形を整える。
⑦フライパンを傾けたまま、今度は弱い中火にかけ、卵の片面を約20秒ほど軽く焼き固める。
⑧フライパンの柄を逆手に持ち、皿にフライパンをかぶせるようにして、焼き固めた面が上にくるように皿に盛る。

材に適した鍋やフライパンの大きさについては、次項で詳しく説明します。また、初心者は鉄製ではなく、テフロン加工のフライパンを利用しましょう。

鍋は、大は小を兼ねない！

素材に合わせた大きさでないと、加熱で失敗します！

大きなフライパンで、わずかな量の肉や野菜を炒めていませんか？　実は、素材の量と鍋やフライパンの大きさには重大な落とし穴があります。

たとえば、１２０ｇ×２枚の鶏肉を直径26㎝のフライパンで焼いた場合と、20㎝のフライパンで焼いた場合では、20㎝のほうが柔らかくジューシーに焼けます。フライパンや鍋には、そのサイズに応じた適切な分量があるからです。なぜプロの調理場には、あれほどさまざまなサイズの鍋やフライパンがあるのでしょう。素材の量に合わせた器具を選択することが重要だから、にほかなりません。

素材に対して器具が大きすぎると、余白が余分な熱を生み出し、

素材に対して過加熱になってしまいます。これが、素材が固くなったり、パサついたり、水っぽくなったりする一因に。つまり大は小を兼ねてはならないのです。目安は、フライパンの60～70％に素材がのっている状態。野菜も鍋一面がちょうど埋まるくらいを最低必要量と考えてください。器具は最低でも大と小を用意し、小は16～20㎝を基準とするとよいでしょう。

また、鍋にもさまざまな種類があり、どれを選べばよいのか迷ってしまいます。しかし、はっきり言ってどんな鍋でもかまいません。加熱のルールさえ理解していれば、どこにでも売っているリーズナブルな鍋でも、高価な鍋に匹敵する働きをするからです。

なぜル・クルーゼが人気なのでしょうか。その最大の特徴は、熱伝導率が低く、素材の温度上昇がゆるやかなことです。アルミ鍋とル・クルーゼの鍋を同じ火加減にかけてみましょう。すると、特定の温度に達するまでの時間は、ル・クルーゼのほうが約2・5倍も長くかかることが実験で確かめられました。この差は、同じレシピでもまったく別の料理になることを意味しています。つまり、いくら強火にかけても、鍋が温まるまでに時間がかかるため、素材に与える熱のダメージが少なくてすむわけです。これは中弱火でゆっくり加熱しているのと同じこと。逆に言うと、**中弱火の火加減をマスターさえしていれば、どんな鍋でもル・クルーゼと同様の効果が得られるというわけです。**しかも、火加減はル・クルーゼを使うときより小さくてすむため、家計の節約にもなるはずです。

このように、鍋の材質や大きさ、熱伝導率の違いによって火加減や加熱時間は異なります。レシピに書かれた火加減の表記をそのまま適用すると、かえって失敗を招くことになりかねません。これを防ぐためにも、素材の変化に注目し、加熱の進み具合をチェックしながら、自分の調理器具に合った火加減を身につけることが、本当の調理の基礎力といえるでしょう。

レシピで見る 加熱の極意⑥

煮込み

「シチューはじっくりことこと煮込むほど美味しくなる」「カレーは大人数分いっぺんに作ったほうが美味しい」――残念ながら、これらの定説はすべて迷信です。カレーは1人分からでも簡単に美味しくできますし、煮込み時間もクリームシチューならたった10分、ビーフシチューでも1時間半で充分です。

煮込み料理は、少人数でも、短時間でも、ルールさえわかれば美味しくできます。その秘訣は、肉や魚を中弱火で中までしっかり焼いてから、ゆっくり加熱して煮込むこと。

では、具体的に鶏もも肉の煮込みを作ってみましょう。材料を適当な大きさに切り分けたら、油を全体にまぶします。油をからめることで熱伝導がよくなり、表面をコーティングして焦げにくくしたり、野菜の色もちをよくします。炒めるときは、肉も野菜もやっぱり中弱火。中弱火でゆっくり加熱することで、細胞の収縮率が抑えられるため、素材のうまみや水分が温存できます。

鶏肉の皮目が焼けたら裏返し、全体が灰白色《かいはくしょく》っぽくなるまで焼きます。野菜はときどき混ぜて、10分ほどかけて軽く色づけてください。よく煮込み料理にするときは、「肉の表面に軽く焼き色をつける程度でよい」といわれますが、これでは不充分。食べられる状態まで、しっかり火を通すことが必要です。中まで火が通っていれば、素材の収縮や煮くずれを防止することができるため、あとからいくら煮込んでも、固くなったりパサパサになったりすることがないのです。

あとは味つけをして、5分も煮込めばできあがり。肉を柔らかく煮込むために、時間をかける必要はありません。固い筋肉質であるコラーゲンがゼラチンに変成すれば、どんな素材でも柔らかくなるからです。肉を加熱すると内部温度が上昇し、だんだんコラーゲンが収縮してきます。この段階が終了し、75℃以上に達すると、水分とあいまってゼラチン化が始まります。つまり、ことこと煮込む料理なら問題なくゼラチンに変成するわけです。

ただし、強火で煮込むのは厳禁。アクを取るために水分を沸騰させようと、つまみ全開で強火で加熱していませんか？　強火で一気に加熱すると、コラーゲンの収縮が大きくなり、固くなってしまいます。たしかに一度は固くなっても、煮込むうちにゼラチンが変成すれば柔らかくはなります。しかし、うまみが残るかどうかは別問題。

収縮率が大きいと、水分とともにうまみのロスも大きくなり、一度流れ出た肉のうまみは決してもどることはありません。柔らかくても、うまみがない肉では台なしです。煮込むときは、液面がポコポコ揺れる程度の弱火で充分なのです。

大量に煮込むと美味しいといわれるのも、たくさん煮込むと沸騰するまでに時間がかかってゆっくり加熱されるため、風味が損なわれにくく、肉もパサつかないからです。反対に、少量で作るとすぐに沸騰しやすいぶん、風味がとびやすく、肉の内側の水分も多く出てしまうのです。フライパンでも強火で急速に焼くと素材が固くなるように、煮汁の中でも急速に沸騰されると素材は固くなるわけです。

もともと素材に火が通っていれば、煮込み時間も短縮され、調理がぐっとスピーディーになります。煮込みの美味しさは風味が重要。煮込み時間は短いほうが美味しく仕上がるのです。ブイヨンやだしはまったく使っていませんが、こうしたルールを守れば、1人分から美味しい煮込み料理ができるはずです。

recipe

ブイヨンもだしもいらない！ 鶏もも肉の煮込み

【材料】（２人分）
フライパンφ20cm　鍋φ16cm
鶏もも肉…200g、玉ねぎ、にんじん、しめじ、トマト…各50g、さやいんげん…30g、酒…100g、水…150ml、バジル…１枝、塩、こしょう…各小さじ1、サラダ油…適量、オリーブオイル…小さじ1

【作り方】
①鶏もも肉は３cmくらいの角切りに、玉ねぎは５mm幅にスライス、にんじんは２cmくらいの乱切りにする。しめじはいしづきを取ってほぐしておく。トマトは２cm角くらいのざく切りにし、さやいんげんはへたを取って３cm長さに切る。
②フライパンにサラダ油をひき、皮目を下にして鶏肉を並べる。中弱火にかけ、フライパンの水分がパチパチはじけはじめたら弱火にし、水分や脂分を拭き取る。

ここがポイント！
鶏肉は冷たいフライパンで焼きはじめる！

③鍋にサラダ油をひき、玉ねぎ、にんじん、しめじ、さやいんげんを入れて油をからめる。この状態で中弱火にかける。
④②の鶏肉の皮目が焼けたら裏返し、全体が灰白色っぽくなるまで焼く。③の野菜はときどき混ぜて、10分ほどかけて軽く色づける。

ここがポイント！

この段階で、鶏肉の中までしっかり火を通しておけば、煮込んでも中はジューシーでふっくら！

⑤③の鍋にトマト、④の鶏肉、酒を入れて、アルコールをとばす（このときだけ鍋底に火が軽くつくくらいまで火を強める）。水を加えて、塩、こしょう、バジルを入れる。
⑥弱火で5〜10分煮込む。器に盛り、バジルのせん切り（分量外）とこしょうをふり、オリーブオイルをたらす。

第2章

素材の味を引き出す！「塩」のルール

水島シェフの

常識が変わる!　料理教室

ゆで野菜を作ろう!

青菜は塩水につける!

「J子さん、今日は野菜をゆでてもらいましょうか」

「へ？　ゆでるだけ？　そんな簡単なことでいいの？　いやいや、水島先生のこと、きっと何か企んでいるんだわ」

「何をブツブツ言ってるんですか。ほら始めて!」

「ゆでればいいんですね。えっと、素材はほうれんそうとグリーンアスパラか。まずはお湯を沸かそうっと」

「はいはい、いいですよ」

「おかしいな、いつもならここらへんで〝ちょっと待った〟コールがかかるんだけどな。あっ、先生、ゆで湯に塩は入れますか？」

「すぐに使うなら入れる必要はありません。ゆでてしばらくおいておくときは、水の量に対して1〜1・3%の塩を加えてゆでま

しょう」

「今日は入れなくていいですね。ってことで、アスパラ投入しま～す」

「ほら、もうゆであがったんじゃない？」

「早っ！　30秒ぐらいしかたってないですよ」

「いいの。歯ごたえが残る程度がいいから、色が鮮やかになればOK。ちょっと食べて確認してみて」

「うん、いい感じ！　ではざるに上げます」

「ほら、グズグズしない。**すぐに塩水につける！**」

「塩水？　上げてから塩水につけるの？」

「そうです、0・8％の塩分濃度の水に5～10分つけてください。そうすると**細胞の内側から水分やうまみが流出するのを防げますから、いつまでたっても色落ちしませんし、美味しくシャキシャキとした野菜がいただけるんです**」

「そうなんだ～。お弁当に入れるときなんかグリーンが鮮やか

でいいですね」

「保存もききますからね。塩水につけた後、さらに分量の0・8%の塩をふって味つけをすれば、それだけで本当に美味しいゆで野菜ができますよ」

「ほんとに美味しい〜。塩加減だけで、ミラクルですね」

「そうです。**味つけの基本は塩です**から、塩加減をマスターすれば、料理の腕が一段と上がりますよ」

味の決め手なのに、「適当」でいいの？

味を決定的にするのは塩。なのになぜレシピでは「少々」なの？

なかなか味が決まらず、味見をしては何度も塩を足していくうちにしょっぱくなった。こんな失敗はどなたにもあるのではないでしょうか。

一般のレシピ本には、「塩少々」「塩ひとつまみ」とあいまいな表現が多いのですが、これぞくせもの。手の大きさによってつまむ量は違いますし、慣れない人は「少々」の量がピンとこないのではないでしょうか。少しぐらい塩加減が違っても、たいした問題ではないと思ったら大間違いなのです。味つけは、他のどの調味料よりも塩で決まります。ですから、ちょっとした塩分の差で、味に大きな差が出るのです。

塩が足りなければ食べても水っぽく感じますし、多すぎると水分もうまみも流出し、料理の味はしょっぱくなります。**塩分には適切な量がピンポイントであるのです。決して「少々」や「ひとつまみ」などのあいまいな表現で片づけられるものではないのです。すべての素材にはうまみが含まれています。そのうまみを引き出す、必要な塩分を加えれば、ぐっと美味しくなるのです。**

なぜそれほど塩がポイントになるのでしょうか。肉食動物は獲物をとると、まず内臓から食べはじめます。内臓には豊富なビタミンやミネラルと同時に、塩分が含まれるからです。草食動物は、カリウム塩を含む草を食べることで塩分を摂取しています。生物から生物への塩分の移動です。

一方、人間が食べる肉は内臓を取り除いたものがほとんど。内臓や血液、体液を取り除くと、ナトリウム塩がなくなります。だから塩をふって自然界の動物が食べているのと同じバランスに戻しているのではないでしょうか。塩が美味しく感じるのは、体にとって必然だからで、味つけも自然のルールにそってするべきだと思います。

しょうゆ、ひしお、ソース（語源が塩）も、すべてもともとは塩です。サラリーも塩。塩は生きていくために必須な基本要素なのです。料理を美味しくするのもひとえに塩加減であり、そのうえで甘みやうまみ、脂肪を楽しむのが本質です。

うまみ重視、塩分控えめの大誤解

「うまみがあれば、美味しくなる」にだまされてはいけない!

減塩志向で塩が悪玉にされるなか、代わりにもてはやされているのがうまみです。「うまみがあれば塩分は抑えられる」といわれますが、はたして本当にそうでしょうか。結論をいえば、**うまみはそれを引き立てる塩分がなければ、決して美味しくは感じません。うまみと塩分は味の両輪なのです。**

病院食など一般に減塩食が美味しくないといわれるのは、この誤解のもと、うまみだけ加えて、塩分を抑えているからにほかなりません。だしに頼らず素材の味をしっかり引き出して、適切な塩を加えれば、同じ塩分量でも、ぐっと美味しくなるはずです。

かつおに昆布、鶏がらに豚骨……と、最近はうまみ要素を重ねる

ピカー
SALT
塩加減をマスターすれば
固形スープやブイヨンはいらないのだ!!

ことで相乗効果が得られるようにいわれますが、かえってうまみがうまみを殺しているとはいえないでしょうか。うまみを重視することで、かえって塩分量が増えてしまう可能性もあります。うまみを出すために、いろいろなものを足していき、それらの味を引き出すために、さらに塩を加えるという悪循環になっているからです。実際に、２００９年も塩分ポイントが０・１％上がっています。減塩信仰が強い反面、実際は塩分過多になっているのです。

だしが表に出てくると、必ず塩も足さなければ美味しくならないため、だしをきかせればきかすほど、塩分量も自然と多くなるのです。塩分のとりすぎの問題は、必要以上のうまみの添加による混乱にあると思います。

だしは素材の中にあります。ゆで汁をスープなどに使うのも、だしが出ているからでしょう。塩で味をつけて素材本来の美味しさを引き出せば、固形スープやブイヨンなどを入れる必要などなくなります。余計なものはすべて外して素材と向き合えば、だしを加えなくても、素材だけで本当に美味しいスープができます。この基本のスープが美味しくできないのに、だしを加えたからといって美味しくなるわけではありません。これは料理人として働きはじめたころ、フランス人シェフに僕が言われたことです。フレンチは、ブイヨンやバターやクリームをイメージしますが、それらはあくまでも料理をリッチにするもので、料理を美味しくするものではない、と言い切りました。正直、納得です。だしのうまみよりも塩加減こそ、素材の美味しさを引き出し、料理を美味しくする決め手なのです。

塩加減は本能が知っている

体が「美味しい」と感じる塩分量＝0・8％を体感してみよう！

よく塩味をつけるのが難しいという人がいます。しかし、これほどシンプルな調味料はありません。体が塩分を必要とする、その本能に素直に従えばよいのですから。

人間にとって塩は、体を動かすための電気信号のようなもので、もともと必要な塩分量がどのくらいかを判断する能力を持っています。信じられない方は、次の実験をぜひお試しあれ。

ミニトマトを5〜6個用意して、半分に割った切り口に、塩を少しずつ増やしながらふっていきます。最初は少ないものから順に食べてみてください。どれも塩味がついて一見美味しいと思いますが、その中で、とりわけ美味しく感じるものが必ずあるはずです。

コレがカギ！
美味しいと感じる塩分量
＝
体液と同じ濃度
＝
0.8%

ただ美味しいのではなく、甘み、うまみ、酸味、風味がバランスよく感じるものがあると思います。**そのミニトマトにふった塩分量を量ると、ほぼ人間の体液の塩分濃度と同じ０・８〜０・９％に近似しているはずです。美味しいと感じる本能を信じれば、必ず絶妙な塩加減になるように体が教えてくれるのです。**

この要領で、煮込み料理を作ってみましょう。肉はしっかり中まで火を通し、２〜３種類の野菜をざく切りにして鍋に入れます。水を加えて中弱火でゆっくり沸騰させてアクを取ったら、美味しいと感じるまで塩を入れてください。これが重要です。美味しいという本能に従ってください。思っていたより塩の量は多く感じるかもしれません。でもこれが、本能が感じとる体液とほぼ同じ0・8〜0・9％の濃度なのです。あとはとろ火（鍋底から炎が完全に離れている火加減）で10分だけ煮てください。そして味見をしてください。これが本当の煮込みの味のベースになるものです。

0・8〜0・9％ならば、大まかに1％でいいじゃないか、と思われるかもしれません。しかし、塩は微妙な加減で味を大きく変えてしまいます。分量200gの場合、0・8％なら塩1・6gですが、1％だと2g。その差0・4gの塩を量って、その量を確かめてみるときっと「え？」と驚くと思います。濃い味は美味しく感じやすいため、つい塩分過多になりがち。でも多すぎる塩分は素材のうまみも殺してしまいます。0・8％を基準にして、足りなければ補えばいいのです。

うまみを加える前に、まず素材そのものと塩分のバランスを考えてみてください。それがちゃんと体に合った美味しさになっていることに気づくはずです。まずは素材と塩。料理を美味しくするには、本能を信じて原点に帰ることです。

美味しい塩分量には、美味しくなる理由がある!

浸透圧が塩分量のカギを握る

なぜ、体液と同じ0・8〜0・9%の塩分が美味しいと感じるのでしょうか。その秘密を解きあかしましょう。

野菜も肉や魚も、私たち人間も、生物の細胞の内側と外側は、いつも一定の環境が保たれるようにコントロールされています。これをホメオスタシス(恒常性)といいます。塩分についても同様に、細胞の内外でホメオスタシスの力が働き、つねに細胞の内側と外側の塩分濃度を一定に保つような仕組みがあります。簡単にいえば、これが浸透圧です。

たとえば、魚を塩漬けにすると、生の状態に比べて長期間保存できます。ここでカギを握っているのが浸透圧です。魚の細胞内に含まれる塩分濃度より、外の塩分濃度のほうが高いため、濃度の低いほうから高いほうへ水分を移動させて、できるだけ細胞の内外の塩分濃度を同じにしようとする浸透圧現象が生じるのです。塩漬けした魚が日持ちするのも、食品中の水分が減少することで、腐敗微生物の成育が抑えられるからです。

浸透圧には、この高張圧のほかにも2パターンあり、細胞の内側よりも外側の塩分濃度が薄い場合（低張圧）と、内外の濃度が等しい場合（等張圧）があります。細胞内より外の塩分濃度が薄いと、細胞の中に水分が入り込み、内外のバランスを調節しようとします。ゆでた緑野菜や刻んだキャベツを真水につけておくと、水っぽくなるのはこのためです。

一方、**細胞の中と外の塩分濃度が同程度のとき、細胞の水分バランスがつり合います。細胞内の水分はみずみずしく保たれ、風味が流れ出ることもありません。これが、食べて美味しさを感じる塩加減です。0・8％は、この細胞の内外の塩分がちょうどつり合う塩分濃度に最も近い値です。**だから0・8％が美味しいのです。根菜や固いものも、真水でゆでると細胞の中に水が入り込んでしまうため、柔らかくぐずぐずになってしまいますが、重量の0・8％の塩を入れてゆでれば、シャキッと仕上がり、長もちします。素材の風味も細胞内に確実に残ります。

人間と自然界の生き物の多くは、浸透圧約0・6〜1％で構成されています。だから、野菜でも肉でも魚でも、その中間である重量の0・8％の塩分濃度が、黄金値であることに変わりありません。そこを基準に、「私には少し濃く感じるから減らそう」などと、自分にとってのベストを見つけていけばいいのです。

適切な塩分量の基準を知ろう

最初は面倒だけど、慣れれば計量も必要なくなる！

塩加減のキーワードは0・8%です。野菜でも、肉でも、魚でも、素材の重さに対して、0・8%の塩分が美味しさの基準になります。面倒でも、最初は電卓やデジタルスケールを使って、きっちり重量の0・8%を量ってください。

塩には精製塩や粗塩をはじめ、さまざまな種類があり、塩の種類によって「大さじ1」「小さじ1」の重量も変わります。まずは、家庭でお使いの塩の「大さじ1」が何gなのかを量りましょう。使っている塩の重さの目安を覚えておくと、調理はより簡単になります。好みによって、0・1gは増減してもかまいません。

家庭では、使う鍋の大きさや食べる人数も決まっていますから、

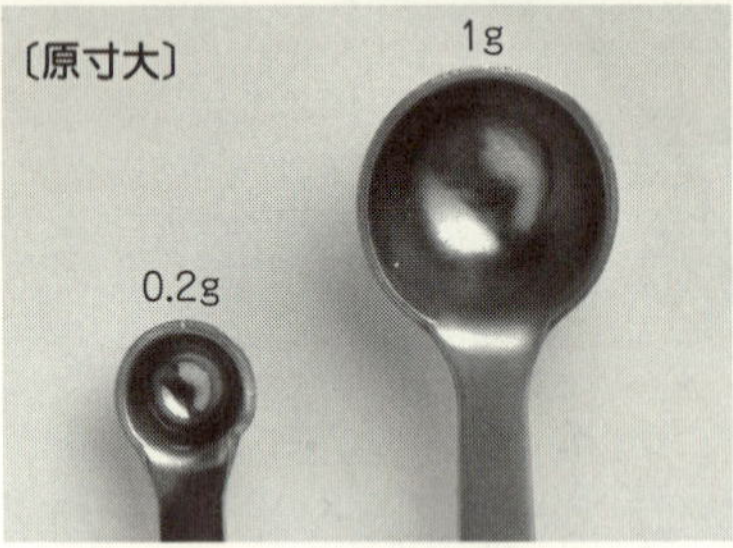

1gスプーン、0.2gスプーンを使う

小さじ（5gスプーン）で計量することも、塩加減の悲劇を招きます。「小さじ⅓」をきちんと量れますか？　難しいですよね。そこで、1g（小さじ⅕）スプーンと0.2gスプーンをおすすめしています。この2つのスプーンで、簡単に塩の量を決めることができます。

一度目安をつかめば、あとは目分量でもだいたいの分量がわかってくるはずです。たとえば、いつも使っている鍋の八分目まで水を入れたら、塩は小さじ4杯でちょうど0・8％になる、という具合です。一度分量をつかめば、あとはそれを守ればいいのです。

0・8％は、ゴルフでいえばグリーンにのせるための最低条件で、ホールインワンではありませんが、まずはこの濃度から始めてみてください。誰が料理をしても、しょっぱくも薄くもならず、必ず美味しいと感じる範囲に仕上がるはずです。基準を覚えたら、あとはお好みでアレンジしてもよいでしょう。

【塩量換算表】 材料(g)×0.8％＝塩量(g)

１人分の材料に対して必要な塩の量を、計量スプーンで換算した表です。

＝0.2g ＝1.0g

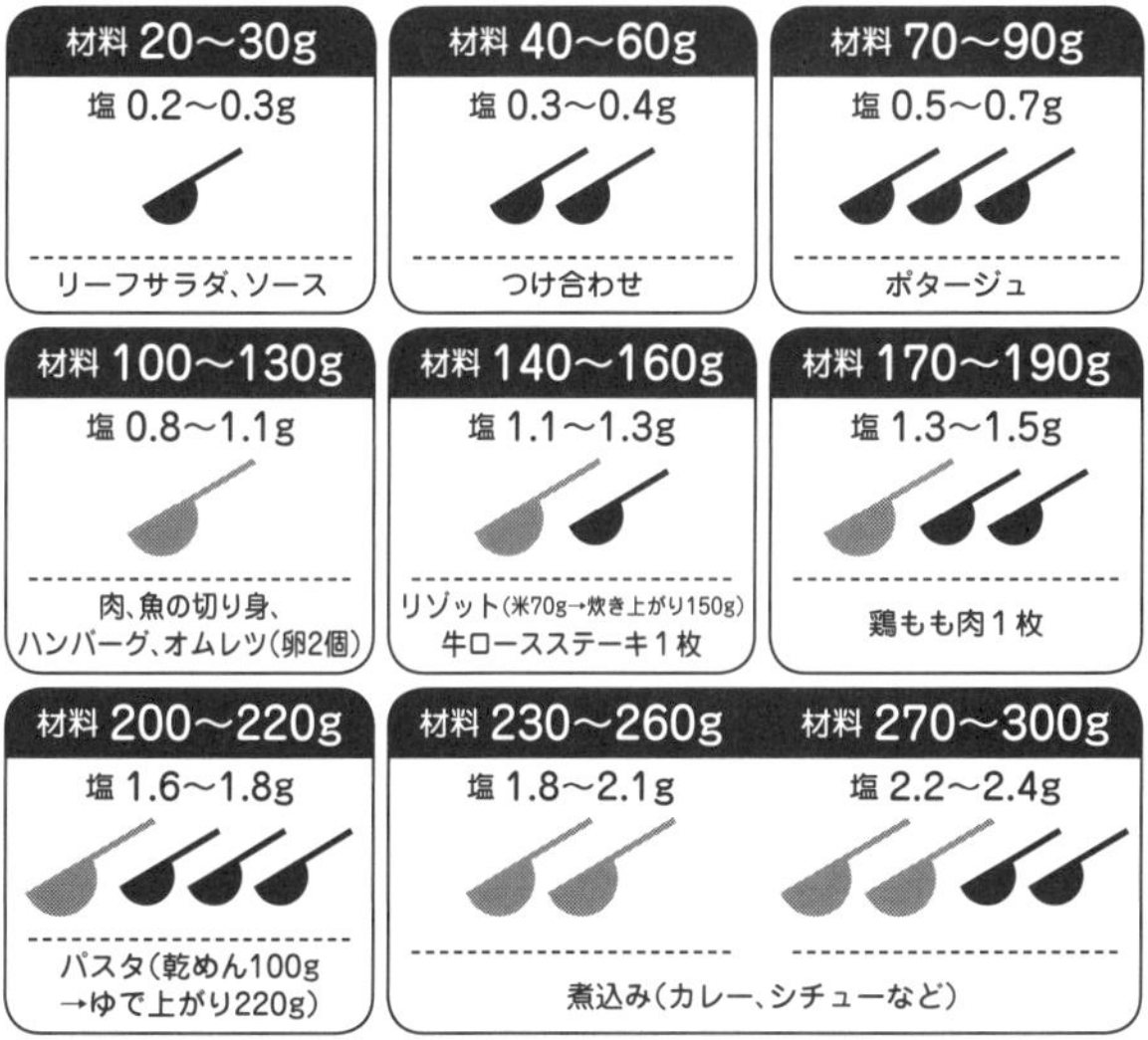

使用上の注意と目安

1. 塩は顆粒状のものを使います。粒の大きな岩塩は除きます。
2. スプーンでたっぷりすくって指で軽くすり切るのが基本の１g。塩を押さえつけないようにします。
3. 1gスプーンはすり切り方で0.8〜1.2gくらいを目安にしています。0.2gスプーンはほとんど誤差が生じません。細かく正確に量りたいときは0.2gスプーンを併用してください。
4. 料理の目安は１人分の分量に対してのものです。

レシピで見る 塩加減の極意①

サラダ

料理を美味しくする塩加減は、素材重量の0・8％です。ここではサラダを例に、実際の塩加減のコツをつかんでいきましょう。

基本的には、材料となる素材すべてを合わせた重量の0・8％が適切な塩分量となります。レタスやトマトなど、複数の野菜を使う場合、それらすべての野菜の総重量×0・8％です。ただし、レタスやクレソンなどの葉ものの野菜のように味がなじみやすいものは、直前に味をつけるため、表面に塩分が残りやすく、0・8％では塩辛く感じます。この場合は、素材重量の0・5〜0・6％を目安にしてください。

●ミックスサラダ

いただく直前に味つけする、葉ものの野菜の塩分量は0・5〜0・6％が目安となりますが、それ以外の野菜は0・8％が基本。トマトなどのように生で用いる実ものの野菜も、さやいんげんやグリー

recipe

野菜の滋味が味わえる！
野菜のミックスサラダ

【材料】（２人分）
トマト…60g（小½個）
さやいんげん…30g（６本）
グリーンアスパラ…60g（２本）
なす…80g（１本）
赤パプリカ…40g（¼個）
サラダ油…なすとパプリカをソテーする際、表面全体にまぶすくらい
塩…２g
こしょう…３ふり（ペッパーミル３回転）
オリーブオイル…６g
ワインビネガー…６g

【作り方】
①トマトはへたを取り一口大（2.5cm角）の大きさに切る。
②さやいんげんはへたを落とし、半分に切る。グリーンアスパラは下半分くらいの皮をむき、長さ４cmくらいに切る。沸騰した湯の中で２～３分ゆで、冷水にとって粗熱がとれたら引き上げて水けをきる。

ンアスパラのようなゆで野菜も、なすやパプリカのような焼き野菜も、どれも塩分量は同じ０・８％。下ごしらえさえきちんとしておけば、すべて同じ塩加減でいいので、生野菜とゆで野菜、焼き野菜を合わせたミックスサラダも、まとめて０・８％の塩分で味つければＯＫ。サラダは塩をしっかりきかせるのが美味しさの秘訣です

③なすは縦に半割りにして、皮目に切り込みを5mmくらいの幅で入れる。パプリカはへたと種を除去して幅2～3cmくらいの縦割りに。なすと赤パプリカは全体にサラダ油をからめて、フライパンにのせ弱火で焼く。なすははしでつまんでふわふわと柔らかくなり、うっすら焼き色がついている状態にする。パプリカははしで押さえて少ししんなりするくらいで軽く焼き目がつく程度に焼く。

④①②③の野菜をボウルに入れて合計の重量の0.8%の塩をする。それから全体をざっくりと混ぜ合わせる。

ここがポイント！
大きなものには多めの塩と大きさに合わせて塩の量をふり分けること！

⑤こしょう、オリーブオイルを加えて全体を混ぜ、最後にワインビネガーを入れてよく混ぜる。

⑥冷蔵庫で20分なじませてから盛りつける。

から、塩だけであえたときに必ず味見をして、美味しいと感じる味つけにしてください。塩をふってからしばらくおき、味をしっかりなじませましょう。

塩をする
タイミングも重要

煮込みの塩は1回。
何度も味見しながら味つけするのは論外！

塩加減は分量だけでなく、味つけのタイミングも重要です。煮込み料理を例に、塩をするまでの手順を説明しましょう。

煮込みを作るとき、まず肉に塩、こしょうをして焼くということに、何の疑いも感じていない人が多いのではないでしょうか？

肉や野菜は、塩をせずに焼きます。とろみをつける粉もからめて、うまみやこくを出すアルコールやビネガーも煮詰めた状態にしておきます。そして煮込みのための鍋に移し、水やハーブを入れて中弱火にかけます。沸騰したらアクを取ります。はい、ここで塩をするのです。そして味見をします。この時点で、美味しいスープの味に仕上げてしまうのです。

塩はこの1回しかしませんから、実はみなさんが考えているよりも塩の量は多いと思います。けれども、最終的には文句なしに思わず笑みが出るうまみを感じられるはずです。

よく料理の最中に、何度も味見をする人がいますが、むやみやたらとするものではありません。舌が麻痺して、本来の味がわからなくなります。味見の回数はできるだけ少なくし、必ず正しい判断ができる状態にしなければ意味がありません。煮込み料理では、煮込みはじめに塩を入れたとき、その1回限りです。人間の舌は、一番の塩分感知センサーにほかなりません。この味見で料理の味は決まるのです。

一方、**焼き物の塩をするタイミングは、焼**

く前、温度が上がってから、焼き上がりの切り口と3段階あります。最初にする塩は、表面に焼き色をつけやすくするために薄く少しだけで充分です。味つけのための塩は、肉の温度が温まってから（40℃以上）します。薄切り肉ならこの2回で充分ですが、かたまり肉の場合、切り口に味がついていないため、仕上がりの切り口にも塩をします。2段階3段階に分けて塩をする場合も、基本的には全体で素材重量の0・8％濃度になるように計算します。

そのつど、すべての素材重量を量るのは面倒に感じるかもしれませんが、ふだん使っている鍋で、ふだん作る分量はだいたい同じはずです。何度か作っていれば、「わが家の塩の量」というのがつかめてきます。

また、一つの目安として、私が「レトルトルール」と呼んでいるものがあります。「煮込みには1人分2gの塩」です。これを基準に、薄かったら塩を足し、濃かったら水を足してみてください。このルールは水の量で調節できる煮込み料理にだけ使えるものです。

「調味料」と塩加減のルール

なんとなく使う「だし」「スープ」を見直してみる

ここ最近、「素材を活かす」という言葉をよく耳にします。その一方で、「煮込みやスープはだしが命」と、まことしやかに囁かれ、多くのレシピが当たり前のように、だしやスープストックやキューブストックをなんの抵抗もなく使っています。これで果たして本当に素材を活かしているといえるでしょうか。

煮込み料理を作るとしましょう。肉や魚、野菜、ハーブなど、たくさんの素材を切って、焼いて、炒め、酒や水を加えて、よし煮込むぞ！　というときに、顆粒だしやキューブストックを投入、という人が多いのではないでしょうか。

一度、これらのスープストックの中（原材料）に、何が入っているかよく見てください。肉や魚のエキスにさまざまな野菜、さらに化学合成されたうまみ成分も入っているかもしれません。しかし、肉や魚や野菜は、すでに手間をかけて調理し、鍋の中にちゃんと入っているではありませんか。なのに、どうしてここで、また同じ成分のものを入れなければならないのでしょう。

だしはすでに焼いた肉や野菜の中にあるではありませんか。その素材が美味しくなるうまみは、すべての素材の中にあるのです。コンソメスープを作っているのに、「コンソメキューブ」を入れる。おかしいと思いませんか?

スープストックや顆粒だしばかりではありません。こくやうまみ、甘みを出すために、トマトケチャップやウスターソースをはじめ、いろいろな調味料を加えていく人がいます。しかし、基本の味つけは塩だけで充分。そこがきちんとしていれば、余計な調味料や、工夫は必要ないのです。それ以外に使う調味料は、こしょう、酒、砂糖、酢、油ぐらいです。和風ならこれにしょうゆやみそが加わります。**正しい塩分量を守って正しく調理すれば、素材本来のうまみが引き出せますから、余計な味つけは必要ありません。**とても経済的でシンプルだと思いませんか。

ポタージュ

水を加えて煮込むポタージュも、塩分量は素材重量の0・8%が基本。たとえば、コーンポタージュなら、メインのコーンや甘みを出す玉ねぎに加え、水や酒などの水分も含めた重量×0・8%となります。

すべての素材の重量を量るのは面倒ですが、素材のおいしさを引き出すポイントになるので、慣れるまではきっちり量って割り出すようにしましょう。

煮込むときの火加減は弱火。表面がポコポコと泡立つぐらいの状態を保ちながら、ゆっくりと素材に火を通していきます。

●コーンポタージュ

ポタージュのベースとなる野菜は、中までしっかり火を通して、甘みや風味を引き出せば、あとは塩だけでも充分に美味しくなります。塩分量が適切なら、コンソメキューブやスープストックなどは必要ないのです。煮込む前に、中までしっかり火を通しておくことで、素材から必要以上に水分やうまみが流出することを防げます。

コーン以外でもかぶやじゃが芋、かぼちゃ、枝豆、にんじんなどでも、基本の作り方や分量は同じ。メインの野菜を替えるだけで、バリエーションが広がります。ブイヨンやスープストックにたよらない、素材のうまみや甘みたっぷりのポタージュをぜひ味わってみてください。やみつきになりますよ。

recipe

コンソメキューブも、スープストックもいらない！　コーンポタージュ

【材料】（２人分）

冷凍スイートコーン…100g、玉ねぎ…M ¼個（50g）
酒…50cc（50g）、水…1カップ（200g）、タイム…１枝
塩…小さじ⅔（3.2g）
こしょう…２ふり
牛乳…80cc
サラダ油…大さじ1

ここがポイント！
塩は玉ねぎ＋スイートコーン＋酒＋水を合わせた重量の0.8%。

【作り方】

①玉ねぎは繊維にそって５mm幅にスライスする。

ここがポイント！
薄すぎると香りやうまみが出る前に火が通ってしまい、焦げてしまうので注意！

②火にかけていない鍋にサラダ油、玉ねぎを入れ、油をなじませる。鍋を弱火にかけ、7〜10分かけて炒める。
③スイートコーンを加え、軽く炒め合わせてからふたをして、香りが出るまで10分ほど蒸し炒めにする。
④コーンの香りが出たら、酒を加え、中火にして1分くらいかけてアルコールをとばし、水を加える。
⑤沸騰したら弱火にし、タイム、塩、こしょうを加えて10分煮る。

ここがポイント！
煮込むときは弱火で。あまり長く煮込みすぎると風味がなくなるので、10分を目安に。

⑥鍋を火からおろし、タイムを取り除き、ミキサーに移す。牛乳を加えてミキサーに3分かけ、ざるでこす。

※かぶやじゃが芋などメインの食材が替わっても分量は同じ！
大きいものは火が通りやすいように1cm程度の角切りに！

うまみと「塩」の関係を見直してみよう！

美味しさのルールがわかれば、だしがなくてもみそ汁はできる！

塩分とうまみは美味しさの双璧であり、両輪です。うまみを多くすれば塩分も濃くしなければ味が引き締まらないのです。インスタントのカップ麺には、どのくらいの塩分が入っていると思いますか。なんと6gです！　一日の所要量が10gですから、1杯に相当量の塩分が含まれることになります。これだけ塩辛いスープをなぜ飲み干すことができるのか。それは、塩分と一緒に、うまみがたっぷり入っているからです。

現在は、「うまみたっぷり」こそ、よしとされる傾向がありますが、うまみとはだしの味であり、だしの味が強くなればなるほど、美味しく感じるためには塩分量も増やさなければなりません。うまみ調味料やだしの素などは、うまみを買っているのではなく、極端にいえば、塩を買っているようなものなのです。

和食は、このうまみと塩分が一体化した混合調味料で成り立っています。たとえば、和食に欠かせない調味料であるみそやしょうゆは、原料の大豆や麦、こうじなどが持っているうまみと塩分の両方を合わせ持っていますから、これだけで充分美味しくなるわけです。酢にも、酸味とうまみが含まれます。酢を使うときに塩を加えると、ぐっと美味しくなるのです。

よく生徒には「だしを入れずにみそ汁を作ってみたら」と提案しますが、うまみと塩分を持つみそに昆布やかつおのだしを新たに、しかもふんだんに入れる必要はないのではないでしょうか。具となる素材からもたっぷりとだしが出るわけです。そこへだしを入れれば、うまみの二重奏、三重奏となるために、おのずと塩分量も高くなり、みその量が増えるのではないでしょうか。だしを入れなければ、みその量も減らせるはずです。

和食はヘルシーというイメージが定着していますが、それはかつての伝統的な和食のこと。本来の和食の椀というものは、塩分0・6％程度のごく薄味で、一杯飲み干してはじめて、その奥深い味わいに気づくというものでした。しかし、うまみ重視の現在では、素材そのものの味よりも、だしの味が前面に出てしまい、本来の和食のだしの扱い方とはずいぶんかけ離れてしまいました。当然、だしとともに塩分量も多くなっているわけです。これではヘルシーとはいえないのではないでしょうか。

だしを使わなくても、肉じゃがも、親子丼も、塩だけでも美味しくできます。風味づけにちょっとしょうゆを加えれば、さらに美味しく感じますし、結果として塩分控えめになります。しょうゆやみそなどの和食の調味料も、塩分量とだしの関係で見直してみてください。きっと、これまでとは使い方が変わってくるのではないでしょうか。

塩以外の必要最低限の調味料の特徴と使い方を把握しておきましょう

【こしょう】 香りと清涼感ある辛みが持ち味。よく「肉に塩、こしょうをしてから焼く」といわれますが、最初にこしょうをしてから焼くと、風味はあっという間に飛んでしまいます。高温で加熱すると焦げやすく、こしょうの苦みが出て、辛みも強くなります。焼き上がり直前にふり、余熱で風味を活かす程度に仕上げるのが正解です。

【酒】 アミノ酸を含んだ醱酵食品で、素材のうまみを引き出すために使います。

【砂糖】 甘みだけでなく、うまみの足し算にもなります。殺菌・保存の役割も持っています。

【酢】 アミノ酸を含んだ醱酵食品で、うまみにも甘みにも化けます。肉を柔らかく仕上げる効果があるので、ブラウンルーにバルサミコ酢を入れるとよいでしょう。

【油】 油も調味料の一つ。うまみの秘薬として使うと同時に、雑菌が素材につくのを遮断したり、野菜の色褪せを防いだりする保護膜の役目もします。

第3章

包丁使いで味が変わる！「切り方」のルール

水島シェフの

常識が変わる！　料理教室

かぼちゃの切り方

かぼちゃは力を入れなくても切れる！

「J子さん、かぼちゃ切れる？」

「先生、バカにしないでくださいよ。切れますよ〜」

「じゃ、切ってみて」

「うわ、でかっ。丸ごと1個ですか」

「そうですよ」

「よっしゃー、せーの！」

「ちょっとちょっと、包丁を振り上げてどうするの！　すいか割りじゃないんですから」

「だってこの固いかぼちゃと格闘するには、こちらも力いっぱいぶつかっていかないと」

「そんなことしてみなさい！　包丁がかぼちゃに刺さったまま、引き抜けなくなりますよ」

「うう、たしかに経験あり。でも、ほんとに固いんだもん」

「固いかぼちゃだって、力を入れずにラクラク切れますよ」

「先生が男だからでしょ。ラクラクっていうのは大げさじゃない？」

「料理の世界に男も女も関係ありません！　包丁の使い方が問題なんです。**食材に切り込む角度は30度。これが、力を入れなくても刃がスーッと入っていくスイートスポット**なんです」

「角度まで。あいかわらず細かいんだから」

「なんか言いました？　そうそう、その角度。包丁は、上から力で押し切るのではなく、**前に向かってまっすぐ突き出すように動かして切る**んですよ。そうすれば、素材にかかる圧力が最小限で抑えられるので、抵抗が少なくなり、力を入れなくてもラクに切れるんです」

「う～む、頭ではわかるんだけど、このかぼちゃですよ。ほんとに力を入れずに切れるの……、あれ？　切れた！　えっ、力を入

れてないのに」

「そんな狐につままれたような顔してないの。切り込む角度も、包丁の動かし方もちゃんと科学的な検証のうえでお話ししているんですから」

「なるほど、これも科学なんですね。先生、あらためて尊敬しまっす！」

美味しさの要は切り方にあり！

切れないのを包丁のせいにしていませんか？
どんな包丁でもちゃんと切れる切り方があります！

料理は切ることから始まります。その最初のスタートである包丁の使い方によって、料理のよしあしが決まる！　といっても過言ではありません。どんなに火加減が上手になっても、どんなに味つけが決まるようになっても、切ることをおろそかにしては意味はありません。切り方は美味しさのカギを握る重要なプロセスであり、その料理のクオリティーを上げる要となるのが、包丁使いなのです。

料理教室では、生徒さんと一緒に私も料理を作るわけですが、火加減も私の管理下にあり、塩加減も計量しているので、基本的には私とほぼ同じ条件になるはずです。ところが、一つだけどうしても違いが出てしまうものがあります。それが包丁の使い方です。切り方一つで、うまみも風味もまったく別物になってしまうのです。

正しい切り方は、素材を活かします。素材に与えるダメージが少なくなるため、「風味が残る」「甘みが出る」「煮くずれしない」「日もちする（青ねぎの小口切りが5日はもつ）」「加熱したものも保存性が倍以上変わる」「水が出ない（野菜炒めがベチャベチャにならない）」と、いいことづくし。包丁が刃こぼれしたり、切れが悪くなるということもなくなります。まな板も傷つきませんし、長時間包丁を使ってもまったく疲れません。

とはいえ、高価な包丁を用意する必要はありません。包丁は100円ショップのものでも充分。**大事なのは切り方です。正しい切り方をマスターすれば、100円包丁でもトマトを潰すことなくサクッと切れますし、玉ねぎを切っても涙が出たりすることもありません。**生玉ねぎは、正しくスライスすれば、水にさらす必要もなくなるのです。玉ねぎのみじん切りが甘いと感じられたら、包丁使いの免許皆伝。すべての料理のクオリティーが上がることを保証しましょう。本当に料理上手になりたければ、毎日武道のように、包丁で切り方トレーニングをすることをおすすめします。

切りものの命は「まっすぐ」なこと

包丁は「切れ味」ではなく、「刃がまっすぐなこと」が一番大切！

かぼちゃやさつま芋のような固いものは、刃が悪いから切れないと思っていませんか。答えはＮＯ！ 包丁は「刃が命」ではありません。よく刃の切れ味こそ重要だと思われがちですが、どんなに切れ味のよい包丁を使っても、切り方が悪ければ意味がないのです。もちろん刃は切れるにこしたことはないのですが、**切りもののカギは「まっすぐなこと」**。**このキーワードに勝るものはありません。**

極端な言い方をすれば、包丁には刃がついていなくても、刃こぼれしていても、包丁にまっすぐ力を加えることができれば、玉ねぎを切っても涙が出たりしませんし、かぼちゃやさつま芋もサクサク切ることができるのです。

反対に、包丁が０・１㎜でもそったり歪んだりしていたら、その包丁はどんなに刃が切れても何の価値もありません。「歪んだ包丁で、歪んだ力を加えたら」、素材は最悪の状態に仕上がります。

なぜ「まっすぐ」であることに、それほど意味があるのでしょうか。**何かを切るということは、包丁という物体が、素材に割り込んでいくわけですから、包丁と素材の間には物理的抵抗が生じます。さらに切り込んでいくと、今度は包丁と素材の間に摩擦が生じます。この抵抗と摩擦が大きければ大きいほど切れにくくなり、素材の細胞は大きなダメージを受けてしまいます。**トマトが潰れたり、玉ねぎが辛くなるのも、切り方が悪いために細胞が壊れてしまうからです。

固いかぼちゃが切れないのも、包丁そのものが歪んでいたり、またランダムに歪んだ力が加わるから。歪んだ力が加わることで、包丁と素材の接する部分が接面から接点になってしまいます。そのために、この接点に大きな負荷がかかって、余計な摩擦が生じ、その分抵抗も大きくなるのです。かぼちゃが切れないのは、刃が悪いからではありません。まっすぐ包丁の力が伝わっていないからにほかなりません。**「まっすぐの包丁でまっすぐ切る」**これこそ切りものの命です。

切りものはスポーツと同じ！

動きを正しく伝えるフォームを身につけることが重要です！

切りものはスポーツです。何かスポーツを経験している方なら思いあたるはずです。野球のバットやテニスのラケットなど、手に器具を持って行うスポーツは、「手の動き」と「球を捉える場所」と「方向」が重要であって、「力」は最小限でよいはずです。包丁の動きも、それと同じだと思ってよいでしょう。

切りものがスポーツである以上、美しいフォームが大切となります。**美しいフォームによる切りものは、素材をよく活かします。**よい料理人というものは、総じて姿勢と所作も美しいものです。まるで能を舞うかのごとく、静かでなめらかな無駄のないその動きは、作り出す料理にも影響を与えるものだと思います。

これが正しい「切るフォーム」

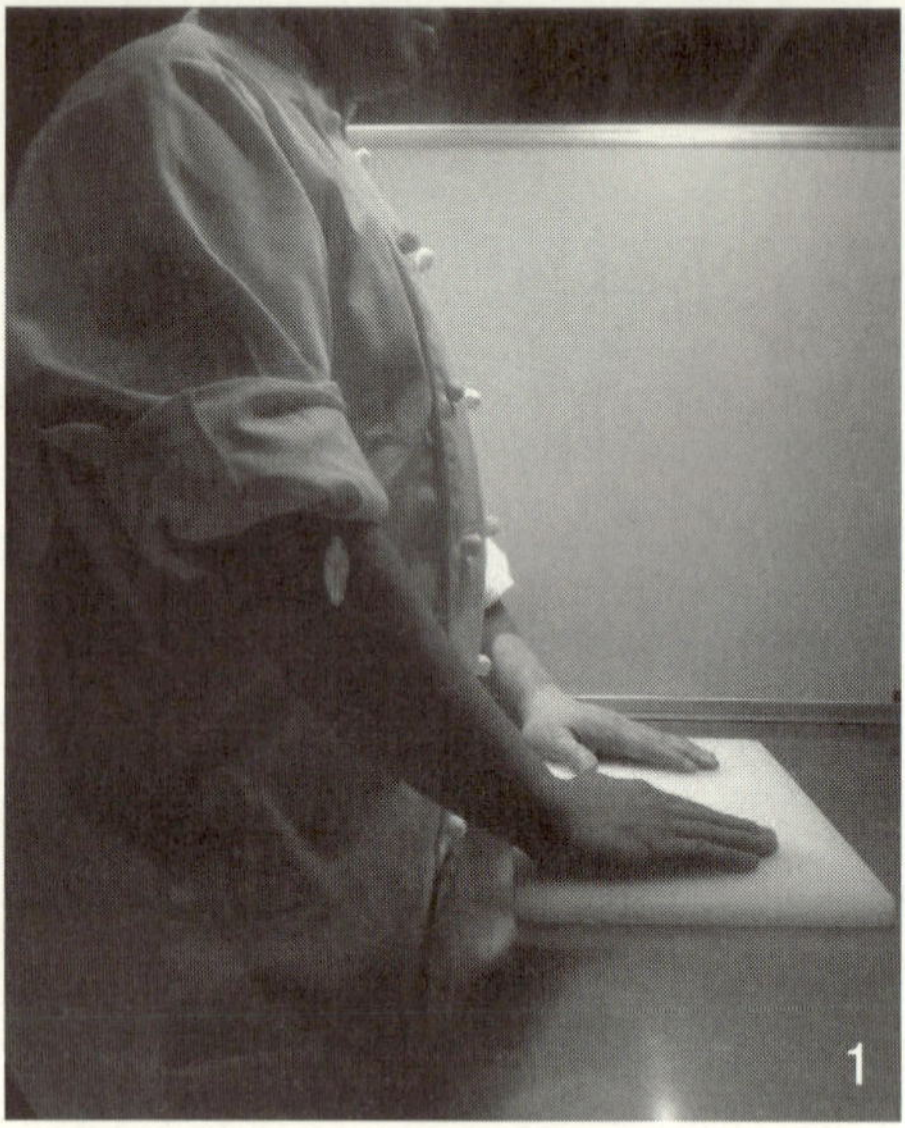

◎**ポイント1（写真1）調理台の高さ**

調理の際に、調理台の高さほど重要なことはありません。背の高い人はどうしても前屈みになるため、体の重心が前になり、素材に大きな負荷をかけてしまうからです。逆に、背の低い人は、無理矢理押さえつけるような切り方になります。こちらも素材にダメージを与えます。調理台の高さが体に合っているかをまず確認してください。

①調理台にまな板をのせて、まっすぐ台に向かって立ち、まな板の上に両手を自然に置きます。

②ひじがまっすぐ伸びてしまうようなら、調理台が低すぎます。まな板の下に電話帳など平らなものをはさみ、高くしましょう。

③ひじを折り曲げた状態になるなら、調理台が高すぎます。足もとに踏み台を置くようにしましょう。

◎ポイント2（写真2）体の位置

包丁は、刃を動かしやすい姿勢でなければスムーズには切れません。包丁を持っている側に、体を斜め45度に傾けてみてください。最初はかなり不自然に感じるかもしれませんが、これが包丁をまっすぐ動かしやすい体の角度です。

①脇を締め、お腹の前で、両手で直角二等辺三角形を作ります。体はちょうど直角二等辺三角形の底辺になります。

②まな板の横のラインが、包丁を使う添え手と平行になるように体を斜めに向けます。まな板の縦のラインは、包丁を持っている腕と平行になるようにします。体は自然に斜め45度を向くような姿勢になります。

◎ポイント3　足の位置

体を斜め45度に向けるということは、足先も同様です。足の位置を調理台に対して45度の角度になるように立ってみてください。こうすることで、腕が自然とまっすぐ動かせる姿勢になります。また、背筋も伸びて姿勢がよくなり、前に重心がかからないので、素材への負荷がかからなくなります。

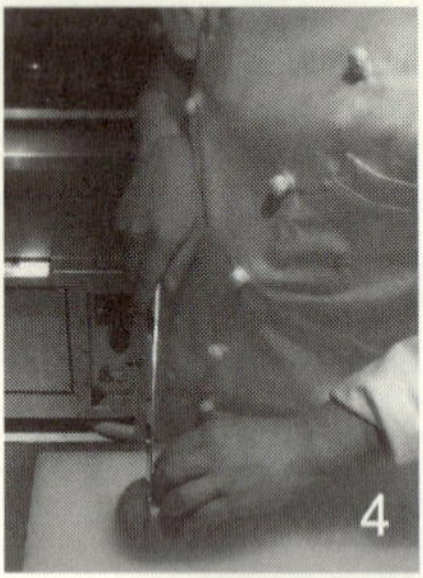

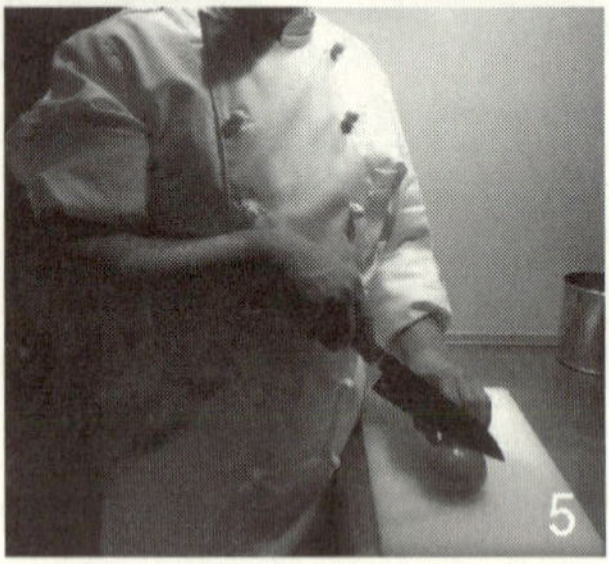

◎ポイント4（写真3〜5）基本の姿勢

包丁を持って切りものをすると、どうしても包丁を持つほうの肩が上がり、脇があいて力が入るという悪循環になります。素材に対してまっすぐ、力を入れずに切り込むためにも、肩、脇、腕など体全体の姿勢が重要です。

・肩は左右が同じ高さになるように。
・肩の力を抜き、手首をお化けのように曲げる。これがスタート。
・体は斜め45度に向ける。
・脇を締める。
・包丁の峰から、手首、腕、ひじまでまっすぐになるように包丁を持つ。
・背筋を伸ばし、全身の力を抜く。
・包丁を持つ手と反対側の体側を、調理台にぴったりつける。

包丁は指３本で持つ

正しい姿勢を身につけたら、正しい持ち方をマスターする

包丁の正しい持ち方とは、「人間の体の動きを、まっすぐに包丁に伝えるための持ち方」です。

私の提案する包丁の持ち方の特徴は、小指と薬指は使わないことです。包丁を５本の指すべてで握りしめると、前後に動かすときに「ねじれの力」が伝わります。これを親指と人さし指だけで包丁の付け根を握ることで、包丁の動きにあえて遊びを作ることができるのです。素材を切っているときの摩擦を逃がす遊びがないために、固いものを切ったとき、素材と包丁の側面との間に大きな摩擦を生じて、刃が止まってしまうのです。

この持ち方には次の３つの目的があります。

包丁の正しい持ち方

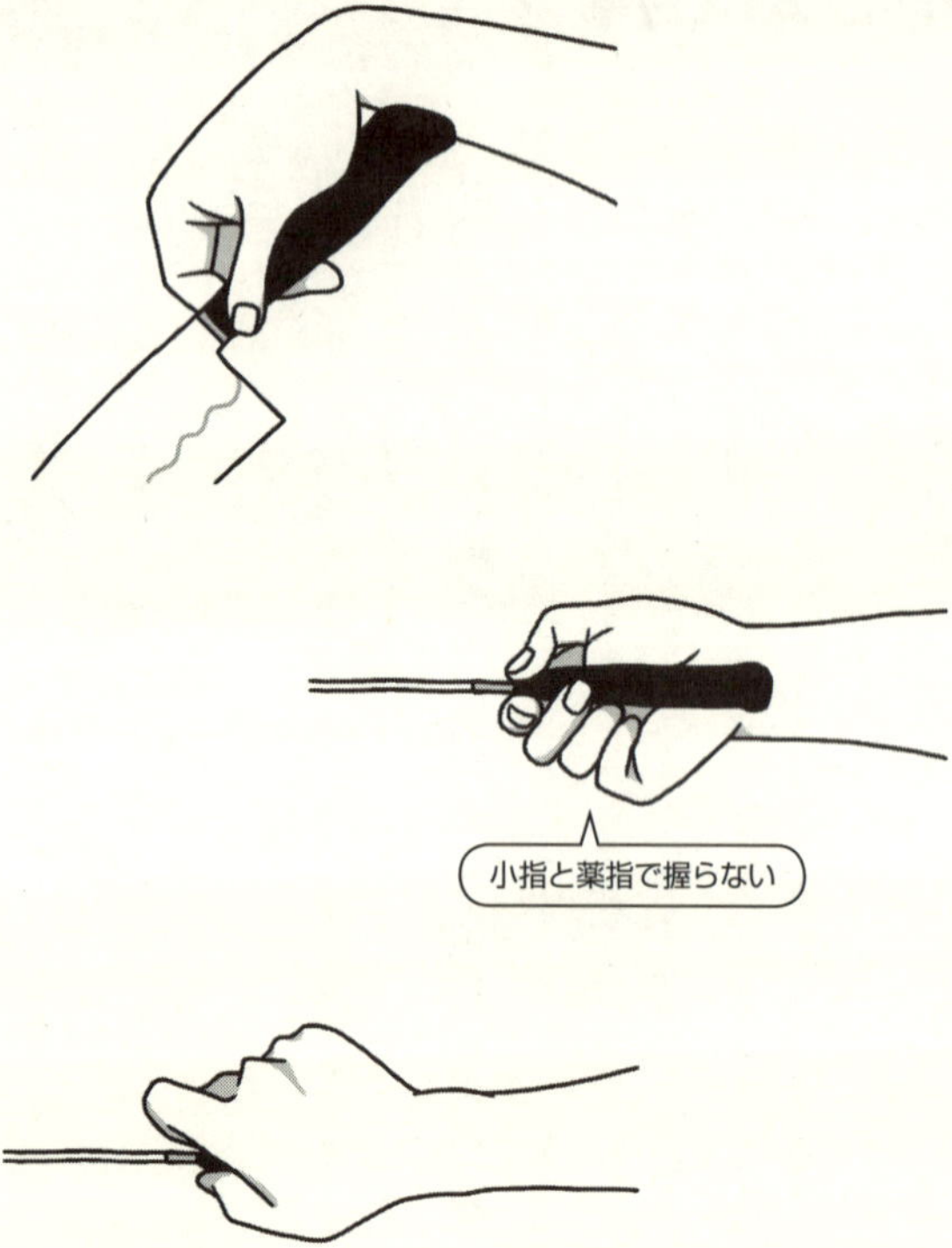

1. 小指と薬指はあえて包丁を握らないことで、必然的に力が入りにくくなる（切るときに力は最大の禁忌）。
2. 小指と薬指で握らないことで、包丁の柄が手のひらの中心から腕の2本の骨の中心を通り、ひじから肩へかけてのラインが一直線になる（腕の振りを無駄なくまっすぐ伝えることができる）。
3. 包丁の付け根を親指と人さし指だけで持つことで、包丁を面ではなく点で持つことができ、摩擦を逃がす遊びができる。

最初は不安定で、うまく切れないかもしれません。しかし、微妙な力をコントロールできることが、素材への負荷をできるだけ小さくする切り方の極意となります。慣れるまで根気よく続けてみてください。力を加えずに「まっすぐ切る」というコツさえ身につけば、いずれは自分の握りやすいように握ってもかまいません。

切ってるつもりで潰していませんか？

誰でも、どんな包丁でも、トマトを美しく切る方法

トマトの角切り、皮がはがれたり、ベチャベチャと水っぽくなったりしませんか。正しい切り方をマスターすれば、まな板を汚すことなく、柔らかいトマトも美しくシャープに切ることができます。

ここでテーマとなるのは「切る」と「潰す」の違いです。

スポンジをトマトに見立てて、「切る」と「潰す」の違いを解説しましょう。

包丁の刃渡りの中央から刃元よりで、上下にトントンとたたくように動かすと、どんなにたたきつけてもスポンジは切れません。スポンジは包丁に押さえられてへこんだ状態になります（写真1、2）。

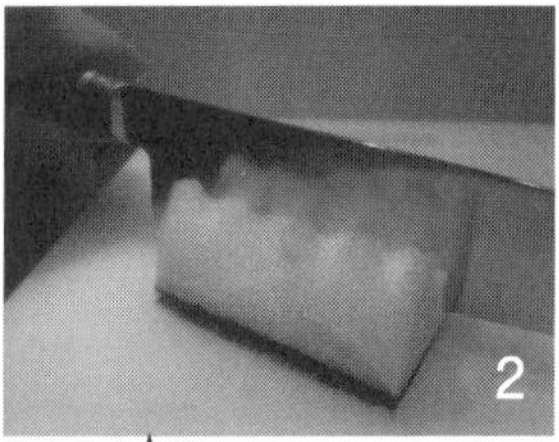

たたきつけても切れない

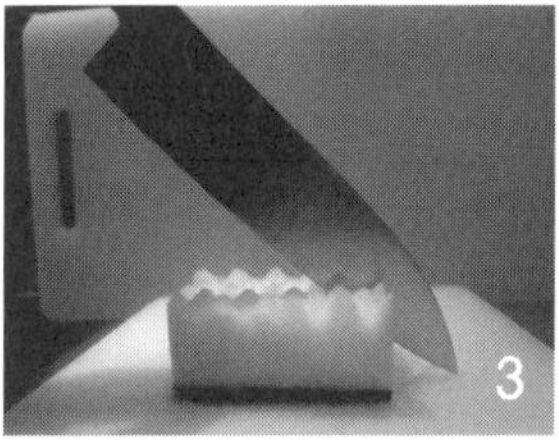

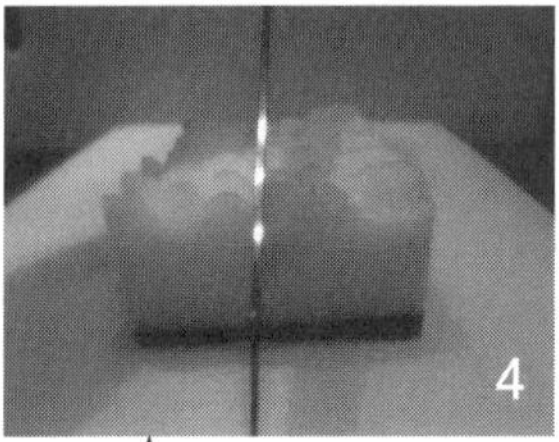

角度をつけて切り込むと
スッと切れる

　次に、包丁に角度をつけて、刃先から指2本分のところから斜めに切り込み、斜めに包丁を突き刺すように動かしてみましょう。スポンジは包丁の重さだけで簡単に切ることができます。スポンジがへこむこともありません（写真3、4）。

　つまり、包丁を刃元で使うと、上下に包丁を動かす状態になり、圧力を加えるわりには素材は切れません。素材は押し潰されるために細胞が破壊され、香りや水分、うまみが流出しやすくなります。食材によっては、すぐに黒くなったり臭みや辛みが出ることになります。トントンと上下に動かす切り方は、素材へのダメージが大きいだけでなく、包丁の刃先もダメージを受け、まな板も傷つき、切る人間も肩がこるというわけです。

一方、包丁に角度をつけて切り込むと、素材を切るときにかかる圧力が最小になり、力が前方向と下方向に分散するため、小さい力で切り込むことができます。素材の切り口が潰れることがないため、断面はつるつるとして水分が出ることもなければ、細胞が潰れて臭みが出たり、うまみが流出することもありません。

包丁が素材にあたる角度の目安は30度です。この角度が正しければ、包丁の端を軽くつまむように持っても、包丁の重さだけで誰でも簡単にトマトが美しく切れるのです。これぞ本当の包丁使いの極意です。

包丁には正しい動かし方がある！

姿勢、持ち方、切り込む角度ができたら、あとは包丁を「どう動かすか」です

「玉ねぎを切ると涙が出る」「かぼちゃが切れない」「野菜炒めが水っぽくなる」これらはすべて切り方の問題です。包丁のせいではありません。素材を切っているのではなく、潰していることが多いために、摩擦が大きくなり、細胞が破壊されて水分やうまみが流出したり、固いものが切れなくなったりするのです。素材に与える負荷を最小限に抑えるためにも、まっすぐ力を入れずに切る、包丁の動かし方を身につけてください。

コツがつかめれば、100円ショップの包丁でもスイスイ切れます。玉ねぎも涙が出ることがありませんし、かぼちゃやさつま芋も力を入れずにあっけなく切れるでしょう。

これが正しい切り方

1．切り込む角度は30度

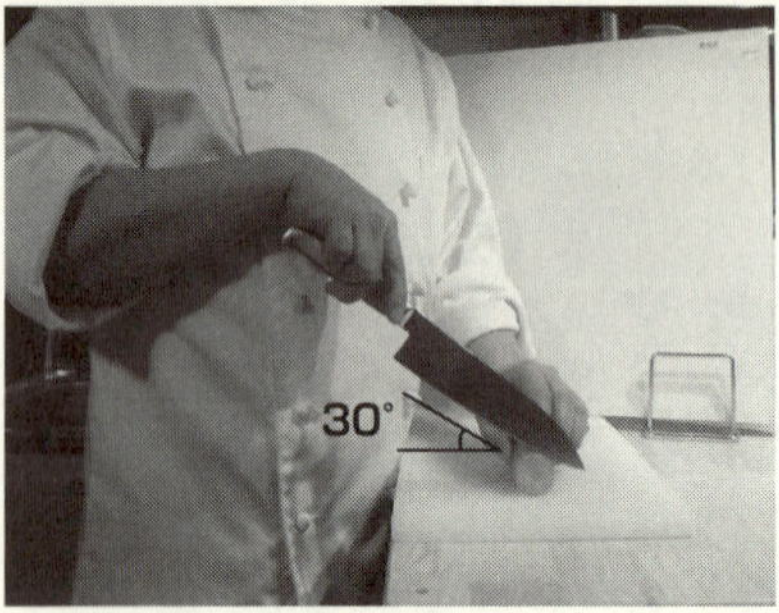

包丁が素材に当たる角度は30度です。肉でも魚でも野菜でも同じルールです。この角度で素材に包丁が当たると、力を入れなくても刃がスーッと入って行く点があります。これがスイートスポットです。ここから切り込んでいきます。

2．刃先のストライクゾーンを使う

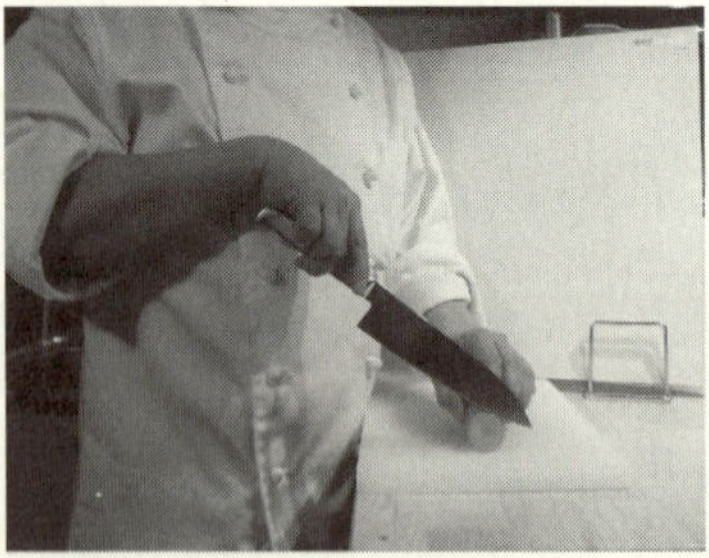

包丁は刃先から指2本分ぐらい入ったところから、中央手前までが、最もよく切れるストライクゾーンです。ここを使って切るようにします。

3．手首を斜め前に突き出すように切る

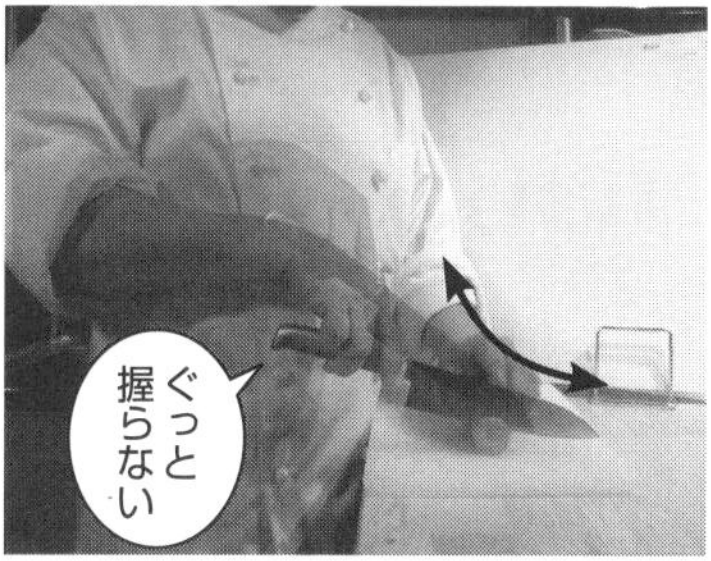

手首を前に送り出すように切ります。力を入れて、上から下に押し切るのはタブー。このとき刃元は刃先より下がらないように。包丁が前に送られていかなくなります。

4．包丁を引くときは素材を切らない

包丁を手前に引いてくるときは、切り口をなぞるように戻すだけ。素材に与える負荷を減らすためにも、包丁を引くときには素材を切らないようにします。

5．再びスイートスポットに戻す

手首を切りはじめの位置に戻したら、またスイートスポットから切り込みます。これをくり返すことによって、力を入れなくてもスムーズに切れます。

包丁は力で切ってはいけない

力任せに切るのは「もっともやってはいけないこと」です！

包丁使い最大のタブー、それが「力を加える」ことです。包丁に力は禁物です。人間は力が入れば入るほど、方向がコントロールできなくなるという体の構造をしています。**包丁で切れないのは、力を入れるからであって、力を入れれば入れるほど、素材との間に摩擦や抵抗が大きくなり、切れなくなるのです。**力を入れるから「まっすぐ」切れず、歪んだ力が加わるようになるのです。

少しでも素材に必要以上の負荷がかかった場合、切り口には必ず細胞のダメージが見てとれます。左ページの写真はにんじんを切った断面ですが、写真の左側は包丁に力をかけずに、右半分は力を加えて切った状態です。力を加えて切った右側部分の断面が、きらき

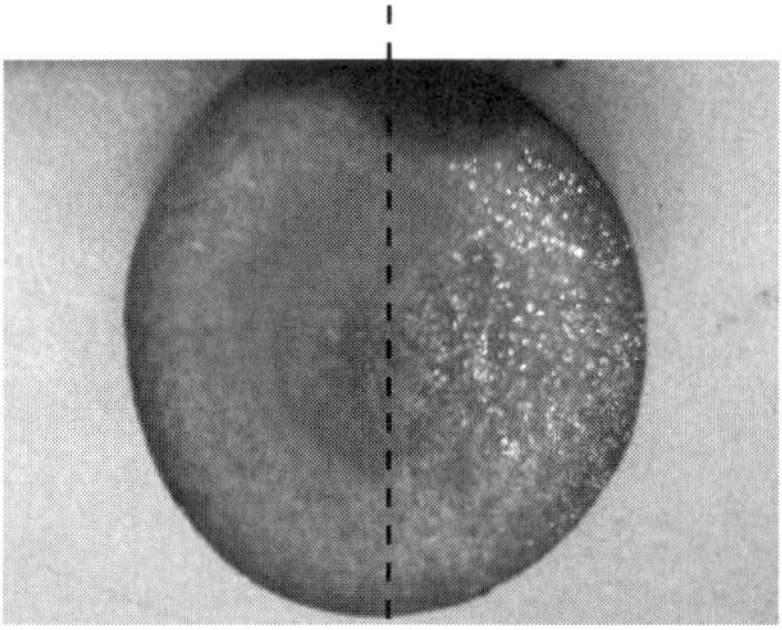

力をかけずに切った断面　力をかけて切った断面

ら光っているのは、細胞が潰されて水分が出ている証拠です。ボコボコと凹凸があるのも見てとれると思います。一方、力を入れずに切った左側部分は、なめらかでマットな面の状態であることがわかります。同じ包丁でも、力の入れ方一つで、切り口がこれほど違うということがわかるのではないでしょうか。

これは顕微鏡で拡大したわけでも特別なカメラで撮影したものでもありません。普通に接写したものです。つまり人間の目で見て、一目瞭然なほどの差が出るということです。切り方が違えば、料理の風味にも大きな影響を与えることが容易に想像できるのではないでしょうか。切り方が上手になるだけで、塩

分は簡単に控えることができます。ちゃんと素材のうまみが残るからです。
　なぜ包丁の持ち方が大切なのか、なぜ姿勢に気を遣うのか、なぜ角度にこだわるのか。すべては素材に余分な負荷を与えないよう、力を入れずにスムーズに切るためです。それが本当の意味で素材を活かすことになるのです。包丁は力で切るな！　料理上手を目指すなら、覚えておいてほしいキーワードです。

包丁は研ぐな！

正しく研げないなら、研がないほうがマシ！

正しい角度で力を加えることなく、まっすぐ切ることができれば、包丁は決して傷むことはありません。家庭用ならまず5年は大丈夫なはずです。いや、どこかにたたきつけたり、落としたりして曲がらない限り、ずっとずっと使い続けることができると思います。

むしろ、切れ味を保とうとして、こまめに研ぐことこそ命取りとなります。とくに、鋼《はがね》の包丁は柔らかいため歪みやすいのです。**歪んだ包丁をどんなに研いでも、もう包丁の価値はありません。包丁は素人が素人技で決して研がないこと。**

切りものの極意は、まっすぐ切ることです。そのためにも、包丁

包丁を研がずに使い続けるコツ

＊鋼の包丁、引き切りで主に使われる刺身包丁は除く。

1. 薄いものを切ったり、切り込んだりするとき（①）

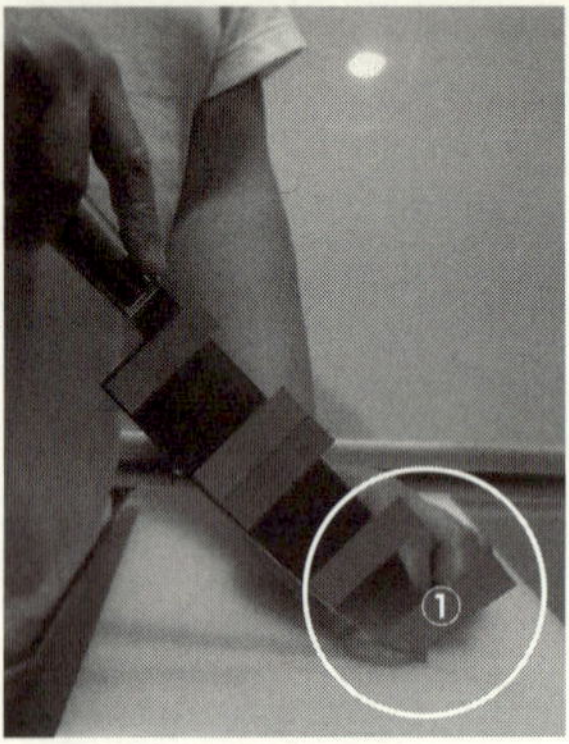

刃先を使いましょう。このときは引いて使うこともあります。

はまっすぐでなければなりません。平らなところに包丁の側面を押し当てて、ほんの少しでも隙間ができたら、歪みやそりがある証拠。その包丁は買い替えたほうがよいでしょう。

では、包丁を研がずに長く使い続けるための、コツをお教えしましょう。ポイントは、用途によって刃の当たる部分を使い分けること。つまり、切るときと潰すときで、包丁の使い方を変えるわけです。これで研がずにずーっと使い続けることができます。もしも気になるなら、年に一度くらい、包丁職人さんに診断と直しをお願いするとよいでしょう。

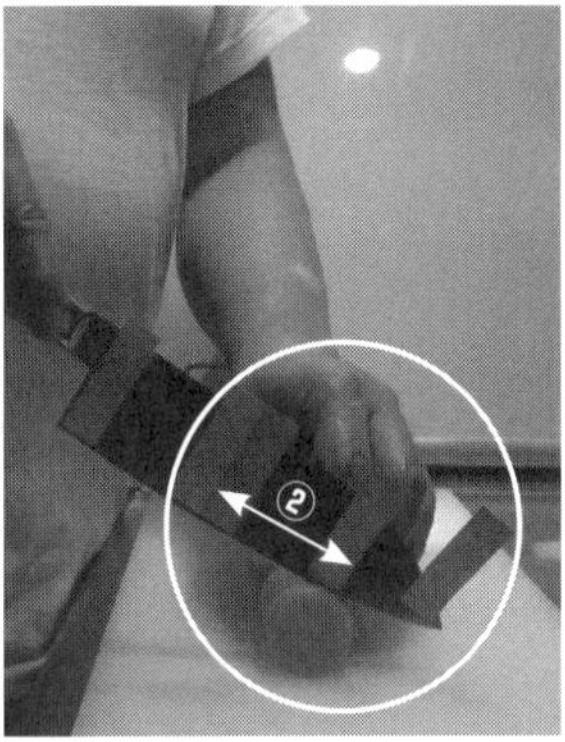

2. 一般的な切りもの全般（②の範囲）

スイートスポットから刃の中央部まで（基本的に斜めに切り込むことが難しいポジションまで）を使います。

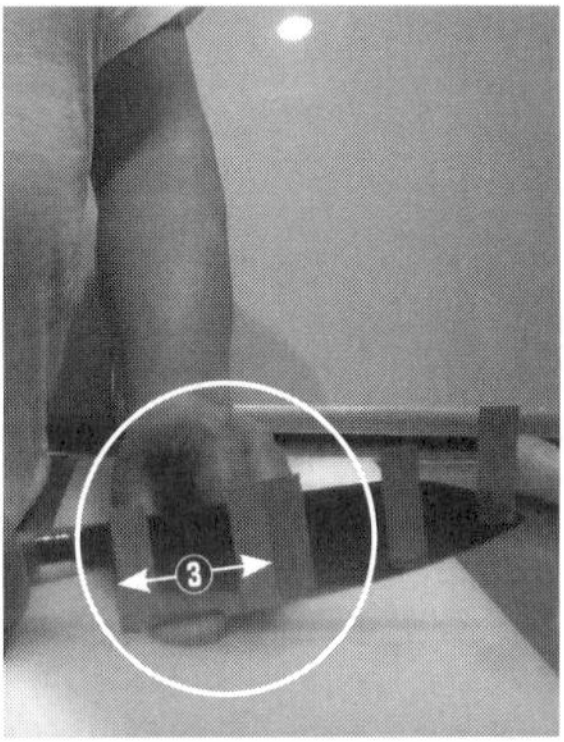

3. たたく、潰す調理のとき（③の範囲）

ミンチやつくねといった、たたいたり潰したりする調理では、刃の中央部から刃元にかけて使います。その際、刃先は上げること。間違っても刃の中央部から前部にかけて、まな板に刃が触れないようにしましょう。

4. 骨を割ったり、筋をたたくとき

包丁のかかと、一番手前の角を使います。ここをうまく使うと鶏の骨くらいは簡単に割ることができます。

これだけは揃えておきたい調理器具

包丁もそうですが、私が愛用しているのは、どれもシンプルでリーズナブルなものばかり。なかには、100円ショップで売っているようなものもあります。特別な器具や高価な食材を使わなくても、火加減や塩加減、切り方のルールを守れば、ちゃんと美味しく作ることができるのです。道具は必要最低限のものがあれば充分。私の愛用する器具のうち、揃えておくと便利なものをご紹介しましょう。

小鍋　アルミ製　直径15㎝、高さ6㎝●中鍋　アルミ製　直径15㎝、高さ9㎝

アルミ製の鍋は、丈夫で手入れも簡単、軽くて扱いやすいのでおすすめです。肉を柔らかく煮込むのもこれでOK。圧力鍋は必要ありません。サイズはこの2タイプで充分。蒸し炒めができるふたつきのものを選びましょう。

フライパン　フッ素樹脂加工　直径20㎝

直径20㎝のフライパンがあれば、焼くのも炒めるのもこれ1つで大活躍。ステーキのレシピで紹介したように、脚つき網とセットで使えば、オーブン加熱もできます。

第4章

「3つのルール」で今日から献立自由自在！

水島シェフの

常識が変わる！　料理教室
フライパン一つで調理！

野菜も肉も魚も同時に調理できる!?

「火加減、塩加減、切り方の3つのルール、もうマスターしましたね。それがわかれば、もういくらでも応用できますよ」

「そうですか！　って、先生？　何やってるんですか？」

「ま、見ててください」

「うわあ……フライパンにそんな、ハンバーグだの鶏肉だの牛肉だの、サーモンに野菜まで一度に並べちゃって、いったいどんなゲテモノ、いや失礼、どんな珍しい料理ができるんですか？」

「言ったでしょう、**料理でもどんな素材でもルールは同じ**」

「そうですが……」

「だから、**一つのフライパンで一度にいろいろな素材を入れても同じように焼けるんです**」

「このブロッコリーとハンバーグが同じように焼けるの？」

「はい。焼くルールは同じですから、同じように素材の重量の0・8%の塩をふって、中弱火でじっくり火を通せばいいんです。牛肉は塩を多めにして強火で、サーモンは塩少々で弱火、なんて使い分けなくていいんです。全部おんなじ！　簡単でしょう」

「ううう、いちいちレシピを見なくても、全部同じやり方で焼けるなんて。今までなんて面倒なことをしてたんだろう」

「この時点でしっかり焼いておけば、いろいろな料理に応用できます」

「あっ、鶏肉はソテーにして、野菜はつけ合わせになるんだ。フライパン一つで一度にできちゃうんですね〜。ラクチン！」

「はい、この牛肉は焼いた野菜と一緒に煮込んでカレーにしましょう。ちゃんと中までしっかり焼いておけば、煮込んでもグズグズになりません。サーモンはパスタにしましょうか」

「うわー、**いろいろな料理に展開できる**んですね。ほんとに3つのルールを知っていれば、料理って簡単なんですね」

3つのルールで献立自由自在！

ルールをマスターすれば、料理は実に簡単でシンプルになる！

火加減と塩加減、切り方の3つは、肉料理にも魚料理にも野菜料理にも共通するルールです。この基本のルールを守れば、牛肉でもサーモンでも、にんじんでも、どんな素材でも同じように美味しく焼けます。素材に合わせてやり方を変える必要がありませんから、いちいちレシピを見る必要もなくなるのではないでしょうか。

実際に実験してみましょう。牛肉、鶏肉、鯛、野菜、すべての素材を正しい切り方で同量に揃え、重量の0・8％の塩を表面にふります。冷たいフライパンに油をまぶした素材を一度に並べてみましょう。皮や脂肪のあるものは、その面を下にして焼きはじめます。

火加減は弱火から弱い中火。1分で10℃上昇する程度の火加減

で、フライパンの温度をゆっくりと１８０℃まで上昇させます。表面に焼き色がついたら上下を返して裏面を焼き、それぞれの素材の重量が80％になったら焼き上がりです。

個々の焼き上がりの時間は異なりますが、どれも同じようにジューシーでおいしく焼き上がります。これはマジックでも何でもありません。**細胞が加熱によって変化する、生物の構造から考えれば、肉も魚もジューシーに美味しく焼き上がる基本は同じなのです。**肉の種類が変わろうとも、個体差があろうとも、事実はとてもシンプル。素材に熱が伝わる熱伝導のルールは変わらないのです。

最近は、レシピが細分化されすぎているように思います。本来、素材に火が通るという細胞の変化は同じであって、素材や調理法を変えても、何にでも応用していけるはずです。ところが、頭の中が「レシピ型」になっているために、ハンバーグはハンバーグ、ミートボールはミートボールと、まったく違う料理として理解しているのではないでしょうか。

料理のプロは、素材や料理は個々によって違うといいます。たしかにその通りですが、一つ一つの情報が分断されてしまうために、他の料理へと広がっていかないのではないかと思います。

肉でも魚でも野菜でも、また焼き物でも揚げ物でも煮込みでも、同じルールでできることがわかると、徐々に頭の中も変わっていきます。ハンバーグをもとにテリーヌやソーセージに、また、ミートローフからピーマンの肉詰めや餃子、つくねにと、すべて同じルールで、いろいろな料理にアレンジしていくことができるはずです。

レシピで見る 展開料理の極意

鶏肉のソテーから煮込みへ

加熱や塩加減のルールをマスターすれば、1つの素材から、いろいろな料理に展開することができます。ここでは、基本となる鶏肉のソテーから、煮込み料理へとアレンジする華麗なる展開レシピをご紹介しましょう。水島ルールならではの、鶏肉とサーモンの同時調理です。

鶏のソテーの一番のポイントは、パリパリの皮目。皮の下には脂肪層がたっぷり潜んでいます。この脂身を噛み締めると、水っぽい脂がにじみ出てきて、なんとも不愉快に感じられるのです。脂身をしっかり焼ききること。これが、皮目パリパリの香ばしいジューシーチキンに焼き上げるコツです。

まずは、冷たいフライパンに皮目を下にして鶏肉をのせ、サラダ油をまわしかけます。肉の余分な脂を引き出すのは同じ油です。この脂の除去が何より大切です。

あとは加熱のルールに従って、ひたすら弱火から弱い中火で焼くだけ。途中で触ると皮がパリパリにならないので、肉の色が半分以

recipe

【ルールが同じだからできる展開レシピ】

基本のソテー・鶏とサーモンを同時調理

【材料】

鶏もも肉（肉）、サーモン（魚）
塩…素材の重量の0.8%、こしょう…適量
サラダ油…肉、魚にまんべんなくまぶせる量

【作り方】

①火にかけていないフライパンに肉や魚をのせて油を全体にまんべんなくかけ、それぞれに分量の⅓の塩を表裏にふる。
②鶏肉や鯛は皮目を下に置き直し、弱火から弱い中火にかける。
③シューッという音がしている火加減を保ちながら、そのまま動かさずに焼き続ける。

ここがポイント！

冷たいフライパンに素材を並べ、油をまんべんなくまぶすように。


ここがポイント！

火加減はすべて弱火から弱い中火。鶏肉や魚は、皮目の下の脂肪層をしっかり焼くのが、臭みを残さず、皮をパリパリに仕上げるコツ。


ここがポイント！

火加減を守れば焦げないので、肉や魚は動かさなくてOK！　上から無理に押さえつけると肉や魚が 固くなるので禁物。


上白っぽくなるまで、動かさないようにしましょう。

　基本の作り方で焼いた鶏肉のソテーは、さまざまな料理に展開していけます。では、鶏肉のソテーからチキンカレーを作ってみましょう。

　カレーやシチューを煮込むとき、肉の表面だけを強火でさっと焼いて、焦げ目をつけて煮込んでいませんか。

④焼きはじめに出てくる水分は、キッチンペーパーで拭き取る。フライパンが乾いたら、サラダ油を足す。

ここがポイント！

皮目が無理なくはがれたら、肉や魚の下に出てくる水分も拭き取ろう。放っておくと蒸れて焼き色がつきません。しっかり水分を取り除くことで、一度に違う種類の素材を焼いても臭いが移らない！

⑤肉や魚の厚みの下半分が白っぽくなったら、分量の⅓の塩を表裏に分けてふる。
⑥9割焼けたら（上面に少し生の部分が残っている程度）身を裏返し、裏面にも焼き色をつける。

ここがポイント！

すべての素材が、焼く前の重量の80〜85%になっていれば、ベストの焼き上がり。慣れるまではキッチンスケールで計量するとよい。

⑦仕上げに残りの塩、こしょうを表裏にふる。

鶏のソテーをカレーに展開

これでは、煮込むほどにうまみや水分が流れ出し、できあがったときには、うまみもなくスカスカして、固くなったり、パサパサになってしまいます。

煮込み料理に使う肉や魚は、あらかじめ弱火から弱い中火でゆっくり加熱して、内側までしっかり焼いておくことが大切です。この焼きの段階で、細胞の収縮がストップするた

recipe

【ルールが同じだからできる展開レシピ】

チキンカレー

【材料】（2人分）
鶏もも肉…200g、サラダ油…大さじ1、塩…小さじ⅓（1.6g）
こしょう…2ふり

にんじん…M ½本（80g）、玉ねぎ…S ½個（80g）
しめじ…¼パック（25g）　しょうが…一かけ
サラダ油…大さじ1、バルサミコ酢…大さじ½
赤ワイン…大さじ1、日本酒…50ml、薄力粉…大さじ½
カレー粉…大さじ1、ガラムマサラ…大さじ1※
トマトジュース（無塩）…150ml、水…150ml
タイム…1枝、バジル…1枝、塩…小さじ⅔（3.3g）
グラニュー糖…小さじ1

※ガラムマサラはものによって香りが違うのでカレー粉との比率は好みで調整してOK。

め、その後でいくら煮込んでも、うまみや水分が必要以上に流出することなく、固くなったり、パサついたりすることがなくなるからです。

あとは、ひたすら弱火で5分も煮込めばOK。液面がぽこぽこと揺れる程度の弱い火で、すべての素材にゆっくりと火を通していきます。

煮込みは「基本の焼き」しだいで、できあがりの8割を左右するといっても過言ではありません。おいしいソテーが焼き上がれば、おいしい煮込みもおのずとできる

【作り方】

①にんじんは小さめの乱切り、玉ねぎは繊維にそって5mm幅でスライス、しめじは石づきを取って、一口大にほぐし、しょうがはすりおろす。
②鍋にサラダ油を入れて①の野菜を弱火でしんなりするまで炒める。
③基本のソテーの焼き方（P.176）で鶏肉を焼く。
④③にバルサミコ酢を加え、弱い中火で、充分に煮詰めて酸味をとばす。赤ワイン、日本酒を加え、アルコールをとばして煮詰める。
⑤野菜を炒めている鍋に薄力粉を加えて火を止め、粉をなじませ、ふたをして3分保温する。
⑥鍋を再び弱火にかけ、1分炒める。カレー粉、ガラムマサラを加えて30秒炒め、香りを出す。
⑦⑥にトマトジュースと水を加えて弱い中火で5分間煮る。
⑧タイム、バジル、塩、グラニュー糖を加えて5分煮る。タイム、バジルを取り出していただく。

のです。

言い換えれば、「基本の焼き」さえできれば、合わせる素材や味つけを変えるだけで、いろいろな料理に展開できるのです。たとえば、106ページで紹介した「鶏もも肉の煮込み」も、基本のソテーから展開した料理です。豚肉でも牛肉でも、サーモンや鯛、鱈でも、同じようにソテーして、カレーやシチュー、トマト煮込み、ワイン煮込みなどに、展開していけますから、どんどん料理のバリエーションが広がっていくでしょう。

ローストは難しくない！

オーブンもフライパンと同じルール

オーブン料理は難しいといわれます。「レシピ通りに温度設定しているのに、どうしても焦げてしまう」「中まで火が通っていなかった」という失敗も多いのではないでしょうか。失敗するからだんだん使わなくなり、そのうち無用の長物と化すわけです。

ところが、オーブン料理も基本のルールはフライパン加熱とまったく同じ。フライパンで、牛肉も豚肉もサーモンも鯛も、みな同じ条件で焼けるように、ローストでもそのルールが適用できるのです。

「予熱をしない」「ゆっくり加熱する」「焼き色は最後につける」「焼き上がりは重量（重さ）で判断する」このルールを守れば、ジ

ユーシーなローストが簡単にできるようになります。ウン十年の修業を重ねてきたプロの方には申しわけありませんが、わが家で三ツ星のローストができてしまうのです。

固くてパサパサしやすいローストポークも、ぎりぎりまで火を通すには熟練の技を必要とするラムローストも、驚くほど柔らかくジューシーに仕上がります。ローストビーフ、ローストチキン、鴨のロースト、鶉《うずら》のロースト、鳩のロースト、鹿のロースト、七面鳥のロースト、きじのロースト……。素材がなんであれ、また骨つき、骨なし、筋あり、筋なし、脂肪交雑のありなしに拘わらず、どれも同じルールで焼けるのです。

では、どんな素材にも共通するローストの方程式を紹介しましょう。

焼き上がりを重量で判断する

オーブンの中で、肉がジューシーに焼けているか、判断するのは難しいものです。切ってみたら、中から血がしたたって生臭い、なんてことにもなりかねません。中までしっかり火が通り、肉汁やうまみを残して焼き上げる、その目安となるのが重量で

［計算表］

肉重量	g	
87～90%	g	オーブンから出す目安
85%	g	焼き色をつけた後の目安
80%	g	パサパサになるぎりぎりのライン

［塩の計算式］

80%の重量予測×0.8%	g

＊塩はフライパンで焼くときに半量を表面にふる。
＊残りの半量は切り口にふる。

す。

ローストでは、もとの素材重量の80～87%がもっとも最適な焼き上がり重量となります。まずはもとの素材を計量し、それから80%、85%、87%の重量を算出し、この間におさまるように焼きます。重量の87%とは、肉をオーブンから取り出す目安で、85%は焼き色がついた時点での重量の目安、最終的には80%になるように仕上げます。80%とは、細胞の20%を占める体液や血液などの余分な細胞外水分が除去された状態で、ジューシーさを維持する細胞内の水分は保たれている状態です。

同時に、もとの素材重量の0・8%の塩の量も計算しておきます。これは、骨つきの肉や丸鶏なども同じです。

焼き上がりを重量で判断すれば、串をさしたり、上から指で押して弾力を確かめたりする必要もなく、誰でも正確にわかります。調理の前に、まず182ページの計算表を完成させましょう。これは、あくまでも調理の際の目安と考えます。重量予測値が前後±5gぐらいしても問題ありません。

●ローストの方程式

①肉を計量する

・肉の重量の87％、85％、80％の予測値を算出する。
・80％の重量に0・8％をかけて塩の量を算出する。

②肉の表面にサラダ油を塗る

熱伝導を上げ、表面の乾燥を防ぎ、焦げにくくするために表面にサラダ油をまぶします。

③冷たいオーブンに入れる

これまでオーブン調理では、事前にしっかり庫内を温めてから素材を入れるのが常識とされてきました。プロの世界でも、まず厨房に入ってやることは、オーブンに火を入れることです。オーブン加熱で一番重要なことは、輻射熱の安定だからです。オーブン庫内の側壁が熱々になってはじめて、スタンバイOKといえるのです。

しかし、どんな料理にも予熱が必要なわけではありません。肉や魚のロースト、テリーヌ、煮込みなどには予熱は必要ありません。フライパンで加熱するときは、冷たい状態から素材を並べますが、オーブンでも基本的にはこれと同じ。「フライパンを熱々にして、表面を素早く焼き固めてうまみをとじ込める」ことがないのと同じように、「オーブンを熱々にして、表面を素早く焼き固めてうまみをとじ込める」こともありません。常識とは異なりますが、冷たいオーブンに素材を入れるのが、新ローストの方程式なのです。

プロの場合、肉を焼くたびにオーブンの温度を下げて、冷たい状態から加熱するには、オーブンがいくつもないと不可能です。1台のオーブンでいろいろ焼くとなると、開け閉めが激しくなり、そのたびに温度変化が生じます。それをリカバーするた

オーブンメーターを使おう

めに、側壁がすぐに輻射熱で温められる状態になっていなければならないのです。

しかし、家庭のオーブンは庫内が小さく棚間も狭いため、予熱で温めておくと、輻射熱で熱くなりすぎて素材が焦げやすく、固くなります。予熱が必要なのは、パンやケーキのように膨らませる生地を焼くとき、グラタンのように表面に短時間で焼き色をつけたいとき、ピザのように短時間に表面の水分をとばしたいときなどです。

④オーブンの温度を設定する

フライパン調理と同様、オーブンでもゆっくり加熱するのが素材をジューシーに柔らかく仕上げるコツです。オーブンの温度は、１００〜１４０℃の間で設定し、常時１２０℃前後を維持するようにしましょう。

ただし、オーブンの温度設定は、あてにしないでください。温度センサーが働いているのは庫内の隅だけで、素材を置く場所の温度を正確には把握できないからです。

焼き色をつけたり、熱の伝わるスピードに大きく影響しているのは、庫内の側壁や上下の金属から発せられる輻射熱です。したがって、素材を置く位置によって温度は変わり、側壁や上段の金属トップに近ければ近いほど温度が高くなるわけです。

また、大半の家庭用オーブンは、器具の設定温度と実際の温度が異なることが多いようです。とくに電気オーブンは注意。多くの家庭用の電気オーブンは、電子部品保護のため高温になりにくい構造になっているので、ガスオーブンに比べて設定温度を高めにとらなければなりません。つまり設定温度通りの温度にならない器具が多いのです。それゆえに、焦げたり生焼けだったりという火加減の失敗が生じやすいのです。

こうした失敗を防ぐために、必ず素材を置く場所にオーブン温度計（オーブンメーター）を設置し、その温度が必要温度になっているか確認するようにします。素材を置く位置にも留意してください。たとえば、上面がすぐに焼き色がつきやすいオーブンの場合、強い熱で焼けてもよい面を上面にします。各家庭のオーブンによって、熱源の位置や輻射熱が異なるため、どこがもっとも強く焼けるのか、何度かデータをとって把握しておきましょう。

⑤重量が87％の数値になったら取り出す

余熱でも素材からの水分の減少が続くため、焼く前の重量の87％程度になった時点でオーブンから取り出します。途中2度ほど、取り出して重量を量りましょう。各家庭のオーブンが、何分でどのくらいの水分が減少するのかを把握できるので、後はそのルールを適用していくことができます。ここで、表面に重量の0・8％の塩の半量を表裏全体にふります。

⑥フライパンで焼き色をつける

焼き色は最後につけます。ローストでも、最初に表面を焼くのは大間違いです。フライパンを弱い中火で5分加熱し、焼き色をつけるのに最適な180℃にします。オーブンから取り出した素材をのせ、ひっくり返しながら各面40秒〜1分ずつ焼いて、両面に焼き色をつけます。もう一度計量し、最終重量が80〜85％の間に入っていれば、必ずジューシーで柔らかなローストに仕上がります。素材を食べやすい大きさに切り分け、残りの塩を切り口にふります。これでプロも驚く、三ツ星ローストの完成です。

オーブン調理は、素材の形状と容積によって、必要な加熱時間の目安があります。何キロの肉の塊だと何℃で何分加熱するのがよいのか、最適な焼き上がり重量はどのくらいかを「ロースト早見表」にまとめましたので、参考にしてください。

【ロースト早見表】

300～2080g

重量(g)	87%(g)	塩(g)	時間(分)	重量(g)	87%(g)	塩(g)	時間(分)	重量(g)	87%(g)	塩(g)	時間(分)
300	261	2	20/10	900	783	5.6	30/20	1500	1305	9.6	40/40
320	278	2		920	800	5.8		1520	1322	9.6	
340	295	2		940	817	6		1540	1339	9.8	
360	313	2.2		960	835	6		1560	1357	10	
380	330	2.4		980	852	6.2		1580	1374	10	
400	348	2.4	20/15	1000	870	6.4	30/30	1600	1392	10.2	40/50
420	365	2.6		1020	887	6.4		1620	1409	10.2	
440	382	2.8		1040	904	6.6		1640	1426	10.4	
460	400	2.8		1060	922	6.8		1660	1444	10.6	
480	417	3		1080	939	7		1680	1461	10.6	
500	435	3.2	20/20	1100	957	7	30/30	1700	1479	10.8	50/50
520	452	3.2		1120	974	7.2		1720	1496	11	
540	469	3.4		1140	991	7.2		1740	1513	11	
560	487	3.6		1160	1009	7.4		1760	1531	11.2	
580	504	3.6		1180	1026	7.4		1780	1548	11.4	
600	522	3.8	20/20	1200	1044	7.6	30/40	1800	1566	11.4	50/50
620	539	4		1220	1061	7.8		1820	1583	11.6	
640	556	4		1240	1078	8		1840	1600	11.8	
660	574	4.2		1260	1096	8		1860	1618	12	
680	591	4.2		1280	1113	8.2		1880	1635	12	
700	609	4.4	20/25	1300	1131	8.2	30/40	1900	1653	12	60/50
720	626	4.6		1320	1148	8.4		1920	1670	12.2	
740	643	4.6		1340	1165	8.6		1940	1687	12.4	
760	661	4.8		1360	1183	8.6		1960	1705	12.4	
780	678	5		1380	1200	8.8		1980	1722	12.6	
800	696	5	30/20	1400	1218	9	40/40	2000	1740	12.8	60/50
820	713	5.2		1420	1235	9		2020	1757	13	
840	730	5.4		1440	1252	9.2		2040	1774	13	
860	748	5.4		1460	1270	9.2		2060	1792	13.2	
880	765	5.6		1480	1287	9.4		2080	1809	13.2	

＊時間→上下を反転させる時間で、合計した時間が計量をする時間、計量後5分単位で計量する。

レシピで見る ローストの極意

ローストビーフ

フレンチには昔から肉を硬くせずに火を通す方法の一つとして、「バルデ」という方法があります。脂身の少ない肉やパサついて硬くなる肉の表面を、別の脂で覆って焼くという手法です。鶏胸肉に薄く切った背脂やベーコンを巻いてローストしたり、赤身の肉にわざわざ薄くした脂を覆ってから焼くのです。

赤身の肉は熱の伝わりが速く、それをできるだけゆっくり伝わるようにするために、脂身のようなもので輻射熱を遮断するのです。

さて、ではそんな脂身、簡単に手に入れることができますか？ 肉屋さんに別注でもしないかぎり、なかなか入手は困難だと思います。

そこで秘策、クッキングペーパーを使って擬似脂を作り、肉を覆ってしまうという技です。

難しそうに見えるかもしれませんが、とても簡単。肉の内部に油がしみ込むといった非物理的現象は起きないのでご安心を！ これで、１００ｇ97円のオージービーフでも美味しく焼けます！

recipe

ローストビーフ

【材料】（作りやすい分量）

牛もも肉…400g（脂の少ない、赤身がおすすめ）
サラダ油…肉全体にまんべんなくまぶせる量
塩…2.4g　こしょう…適量

【作り方】

①肉全体にサラダ油をまんべんなくまぶし、脚つき網にのせる。

> **ここがポイント！**
> 肉の加熱が長時間になるために、表面が硬化する作用を引き起こす塩、こしょうはここではしません！

②クッキングペーパーを4枚重ね、全体に油をたっぷり含ませる。

> **ここがポイント！**
> しみ出るくらいたっぷり含ませて擬似脂にする。

③②で①の肉全体をしっかり包み込む。

④予熱しないオーブンに③を入れ、100〜110℃の設定温度で焼く。

> **ここがポイント！**
> 赤身の肉に中まで均一に火を入れるために低い温度でゆっくり加熱します。肉の臭みは高温（160℃以上）で焼くことにも一因が。

⑤オーブンに入れて庫内が100℃になってから20分たったところで、一度クッキングペーパーを外して、肉の上下を反転させる。クッキングペーパーを裏返して肉を覆ってオーブンに入れて、再度焼く。

⑥オーブンに入れて50〜60分たったころから計量を開始。重量の87〜90%になっていたらOK。

⑦取り出した肉全体に重量の0.6%の塩をすり込み、弱火でゆっくり温めたフライパンで、肉に焼き色をつける。

> **ここがポイント！**
> すでに肉は温度が上がっているので、各面30秒程で焼き色がつきます。

⑧肉にこしょうをしてアルミ箔できっちり包み、15〜20分、加熱後電源を落としたオーブンに入れて保温。食べる際に残りの塩を切り口にふる。

◎おわりに

さて、楽しんでいただけましたでしょうか？　驚きましたか？　「なるほど納得」と思われましたか？　それとも「とんでもないいい加減なこと」と思われましたか？　その感想に賛否はあると思います。ただこの本は料理を20年仕事としてきた料理人の実践から生まれた理論だということです。

これまで私も調理という仕事を通して、山のような『なぜ？』を経験してきました。言われた通りに、手順通りに、時間も計って、分量も量って作ったのに、それでも失敗するのです。ではどうすれば失敗せずに作れるようになるのか？　それはその「失敗した理由」を正しく知ること、そこに私の理論の原点があります。美味しさの理論はその失敗の中にあると思ったのです。

そこで出会ったのが調理科学という分野でした。そこには、細胞に塩をするとはどういうことなのか？　生き物にとっての塩とはいったいどのような役目なのか？　肉に火を通すとなぜ水分が出てきたり、固くなったり柔らかくなったりするのか？　といった調理の一つ一つの動作がもたらす変化とその意味の答えがちゃんとあることを知ったのです。

料理はけっして適当な世界ではありません！　原因と結果がとても明確な世界です。不味い料理の責任の90％は料理人にあります。素材ではありません。料理を美味しく作りたければきっちり作ること。これこそが真の正解です。

みなさんはこの「料理をきっちり作る」ということを誤解していませんか？　手間がかかる、時間がかかる面倒なことと思っていませんか？　それが大きな間違いなのです。料理をきっちり作るためには「合理性」が必要になります。そのためにはちゃんとした知識と的確な調理が要求されます。日頃多くの方の料理を見ていると無駄な動き、無駄な時間、無駄な材料が多すぎるのです。

今の時代、情報が氾濫し、何が正しく何が間違っているのかわからないという方が多くおられます。私の料理教室にもそんな生徒さんが多くいらっしゃいますが、そこで私が教えていることは、けっして特別なことではありません。素材に何が起こっているのかということを観察していただくことと、そして切り方に注意し、塩を量り、火加減を素材の状態に合わせて調節する……このトレーニングだけを繰り返ししているのです。

そう。この本は繰り返し読んでください。そして使ってください。繰り返し繰り返し返していただくことで見えてくるものがあります。料理における「同じ」が見えてきます。それこそがこの本の最終目的であり、美味しい料理が簡単にできるようになる一番の近道であると信じています。

水島弘史

◎文庫版おわりに

料理は時代とともにどんどん進化しています。その中でこれまで常識と思われてきたことも大きく変化してきました。「料理は科学である」ということは随分前から云われてはいましたが、いざ実践しようと思っても使えるものがなかなかないのが実状だったように思います。調理科学をうたった書籍はこれまでもありましたが、それらの多くが、たんぱく質の固まる原理や粉のデンプンの変化を科学的に説明しているのですが、それを例えば肉を焼くときに具体的にどうすれば上手に焼けるのか、粉の扱い方をどうすれば美味しいホワイトソースができるのかといったことに結びつけて書かれていませんでした。そこで実践に則した読み物として生まれたのがこの『強火をやめると、誰でも料理がうまくなる』という本でした。

単行本を発刊してから4年目になりますが、その間、料理に関する「流れ」はどんどん変化しています。以前は敬遠されていた、0・8%の塩加減や「50℃」といった細かい数字や具体的な温度を示すレシピが、少しずつではありますが取り上げられるようになりました。またこれまで強火一辺倒だった火加減も弱い中火や冷たいところから加熱するなど、これまでの常識を覆すような調理方法がメディアで紹介されるようになりました。このような流れには二つ理由があると私は考えます。

一つは今の新しい料理がこれまでの理屈では説明がつかなくなってきていること。もう一つはこれまでのレシピや調理法の曖昧さでは十分なクオリティーが得られなくなったことです。

ここで大切なことは、伝統や歴史として受け継がれてきているレシピやテクニックも常に検証し、それが間違っていたら、たとえそれが「常識」であっても訂正する必要があるということです。幸い料理は、みなさんが実際に試してみることができます。最初は「信じられない」と思っても、ちゃんとそのルールに則った調理をすれば結果がすぐに教えてくれるのです。

私は現在、料理教室を主に活動をしておりますが、9年前にはじめた当初は怪しい宗教と間違われていました。そんな教室も今ではスケジュール告知から2日で2ヵ月分の予約が満席になるまでになりました。「弱火は料理のできない素人の火加減」とまで云われたこともありますが、今は多くの飲食業の方が教室を訪ねて来ます。

この本で取り上げていることは、実際に試していただいてもそれほど難しいことではありません。ちょっと作るだけで驚くネタがあちこちにちりばめられています。蘊《うん》蓄《ちく》本はとかく知識だけで終わってしまいがちですが、この本はキッチンで汚していただいてはじめてその真価を発揮します。文庫化に際し、より手元に置きやすくなりましたので、是非とも読者の方にも体験していただきたいというのが私の願いです。

二〇一三年八月

水島弘史

本書は二〇一〇年二月に小社より刊行された、
『美味しさの常識を疑え！
強火をやめると、誰でも料理がうまくなる！』
を文庫化したものです。

水島弘史－シェフ・料理科学研究家。1967年、福岡県に生まれる。大阪あべの辻調理師専門学校卒業、同校フランス校卒業後、「ジョルジュ・ブラン」で研修。帰国後東京・恵比寿「ラブレー」に勤務、94年より３年間シェフを務める。その他視野を広げるべくさまざまな食産業に勤め、2000年７月、恵比寿にフレンチレストラン「サントゥール」を開店。後に「エムズキッチンサントゥール」と改め、2009年４月まで営業。また94年から料理教室の講師も務め、自店開店からはレストランと同時に料理教室も開催、2004年から科学的調理理論を取り入れた独自の調理指導を始め、大学、企業の研究所にもデータを提供、新メニューの開発や調理システムのアドヴァイスも行う。
著書には『今日からおいしくなる洋食のシンプルルール』（高橋書店）、『水島シェフのロジカルクッキング』（亜紀書房）、『野菜いためは弱火でつくりなさい』（青春出版社）がある。

講談社＋α文庫 強火《つよび》をやめると、誰《だれ》でも料理《りょうり》がうまくなる！

水島《みずしま》弘《ひろ》史《し》

2013年８月20日第１刷発行
2019年９月10日第４刷発行

発行者―――渡瀬昌彦
発行所―――株式会社 講談社
東京都文京区音羽2-12-21 〒112-8001
電話 出版(03)5395-3532
販売(03)5395-4415
業務(03)5395-3615

カバーイラスト――信濃八太郎
デザイン―――鈴木成一デザイン室
本文データ制作――朝日メディアインターナショナル株式会社
カバー印刷―――凸版印刷株式会社
印刷―――豊国印刷株式会社
製本―――株式会社国宝社

落丁本・乱丁本は購入書店名を明記のうえ、小社業務あてにお送りください。
送料は小社負担にてお取り替えします。
なお、この本の内容についてのお問い合わせは
第一事業局企画部「＋α文庫」あてにお願いいたします。
Printed in Japan ISBN978-4-06-281526-0
定価はカバーに表示してあります。

講談社+α文庫 ©生活情報

おばあちゃんに聞いた「和」の保存食レシピ 極選69　城ノ内まつ子
なつかしい日本の味をかんたん手作り! 日日食卓で家族の笑顔に出合える珠玉の一冊!　686円 C 112-1

「ひねり運動」7秒ダイエット　湯浅景元
60名の参加者が2ヵ月平均で、体重8キロ、ウエスト12センチ減。科学が証明する効き目　686円 C 113-1

*おくぞの流 超速豆料理　奥薗壽子
豆で健康、おくぞの流簡単レシピの決定版!「豆ビギナー」も「豆オタク」も一見あれ!　648円 C 116-1

おくぞの流 簡単 激早 野菜おかずベスト180　奥薗壽子
野菜たっぷりてんこもり。早くてラクする「おくぞの流」レシピのいいとこどりです!　648円 C 116-2

おくぞの流 簡単 激早 お魚おかずベスト174　奥薗壽子
お魚たっぷりてんこもり。体にいいお魚をもっとおいしく、もっと食べたいレシピ集　648円 C 116-3

*和田式9品目ダイエット献立　和田要子
各界著名人が実践して効果を認める「食べてやせる」ダイエット法。1週間で効果あり!　648円 C 117-1

カラダ革命ランニング マッスル補強運動と、正しい走り方　金 哲彦
健康やダイエットのためばかりじゃない。走りが軽く、楽しくなるランニング・メソッド!　648円 C 118-1

*年金・保険・相続・贈与・遺言 きほんの「キ」　岡本通武+「みんなの暮らしと税金」研究会
プロがわかりやすく答える、暮らしの不安!お金のモヤモヤを解決しておトクをゲット!　648円 C 119-1

*生涯、美しくて幸福な人になる! 顔2分・体5分! フェロモン・ダイエット　吉丸美枝子
自分の顔は変えられる! 顔はオードリー、体はモンローに変身して幸福になった秘訣!　648円 C 126-1

20歳若くなる! フェロモンボディのつくり方　吉丸美枝子
誰でも美乳・美尻に変身! 年齢を重ねるほどに美しくなる人のボディメイクの秘密　552円 C 126-2

*印は書き下ろし・オリジナル作品

表示価格はすべて本体価格(税別)です。本体価格は変更することがあります

講談社+α文庫 ©生活情報

- *今夜も一杯! おつまみ手帖 有名料理家競演 — 講談社 編
  有名料理家11名の簡単おつまみレシピが143! お酒がどんどんすすみそう!
  667円 C 128-1
- 子育てはキレない、あせらない — 汐見稔幸
  文字や言葉を早く覚えさせるより子どもの豊かな育ちを見守りたい。子育てを楽しむ秘訣が満載
  648円 C 129-1
- 女子力アップ 美人作法100 — 渡辺みどり
  ほんのささいなことで、周囲と差をつける技術を皇室取材歴50年の著者が伝授。母娘必読
  619円 C 131-1
- 奇跡の「きくち体操」 — 菊池和子
  若さと健康を生涯守れるすごいメソッド「きくち体操」の考え方、厳選体操。すぐできる!
  648円 C 132-1
- 「和のおけいこ」事始め 書道から仏像鑑賞まで35の手習い — 森 荷葉
  学びたい、そう思ったら始め時。気軽におけいこをしませんか? 入門のそのまた入門編
  619円 C 134-1
- ポケット版 庭師の知恵袋 プロが教える、人気の庭木手入れのコツ — 日本造園組合連合会 編
  初心者でもできる庭木の剪定と手入れのコツをプロの含蓄ある言葉とイラストで紹介
  705円 C 135-1
- まねしたくなる 土井家の家ごはん — 土井善晴
  本当においしいそうめん、素晴らしくうまいポテトサラダ……。これぞ魅惑の家ごはん
  648円 C 136-1
- よりぬき 医者以前の健康の常識 — 平石貴久
  その健康法、逆効果かも。ケガや病気への対処法から、良い病院選びまでの最新常識集!
  533円 C 137-1
- よりぬき グルメ以前の食事マナーの常識 — 小倉朋子
  箸の上げ下ろしから、フレンチ・中華・イタリアンのフルコースまで、どんと来い!
  533円 C 138-1
- *暮らしBefore/After すぐ役立つ!裏ワザ88 — 生活の知恵研究会
  美容、掃除、洗濯、収納、料理、すべて実証済みのワザばかり。時短にも役立つ主婦の知恵袋
  552円 C 139-1

*印は書き下ろし・オリジナル作品

表示価格はすべて本体価格(税別)です。本体価格は変更することがあります

講談社+α文庫 ©生活情報

ポケット版 開運ご利益参り
武光 誠・編著
神社や寺の効果的な参拝方法から、完璧なアフターフォローまでの秘訣で、願いが数倍叶う！
552円 C 140-1

ポケット版 名人庭師 果樹の知恵袋
井上花子
庭植えから鉢植えまで、人気の果樹45種を育てて楽しむテクニックを名人庭師が伝授！
667円 C 141-1

5分若返り宝田流美顔マッサージ テレビ・雑誌で話題！ 10年前の顔になる!!
宝田恭子
テレビ・雑誌で話題騒然。歯科医師の立場から得た独自の若返りメソッドを伝授！
552円 C 142-1

よりぬき 仕事以前の社会人の常識
西松眞子
名刺交換、電話の応対、トラブル処理など、ビジネスシーンでの常識を一冊で網羅！
533円 C 143-1

よりぬき そうじ以前の整理収納の常識
本多弘美
時間がなくても収納スペースが足りなくても。きれいな部屋をつくるテクニック満載！
533円 C 144-1

世界で通用する子供の名前は「音」で決まる
宮沢みち
名前の音で「能力と性質」がわかる。音の循環を知って「自分を生かす」開運の姓名判断
648円 C 145-1

＊**よりよく生きる 手相** 未来をズバリ！読み解く
宮沢みち
手には自分の使命が刻まれている。手のひらの線と手の形、指、ふくらみでわかる開運法
648円 C 145-2

イラスト版 ベランダ・庭先で楽しむ はじめての野菜づくり
相川未佳 出川博栄
1㎡あれば野菜づくりは楽しめる！ 成功&失敗から学んだプランター栽培のコツ満載！
705円 C 146-1

美人力を上げる温泉術
松田忠徳
日本でただ一人、温泉学の教授が女性のためのホンモノの温泉を徹底取材、分析！
600円 C 147-1

「樹医」が教える 庭木の手入れの勘どころ
山本光二
庭の樹木を美しく丈夫に育てる知恵と技とコツを「樹医」の第一人者がはじめて直伝
667円 C 148-1

＊印は書き下ろし・オリジナル作品

表示価格はすべて本体価格（税別）です。本体価格は変更することがあります

講談社+α文庫 ©生活情報

よりぬき 調理以前の料理の常識
渡邊香春子
まずそろえるべき調理道具から、基本食材の扱い方、定番レシピまでを完全網羅の一冊！
533円 C 149-1

小笠原流礼法 誰からも好かれる社会人のマナー
小笠原敬承斎
おじぎのしかたから慶弔の心得まで、品格ある女性になるための本物のマナーブック
533円 C 150-1

よりぬき 運用以前のお金の常識
柳澤美由紀
今さら人に聞くのは恥ずかしいくらい、超基本の常識から、あらためてやさしく解説！
533円 C 151-1

日本ローカルごはん紀行 47都道府県とっておきの一膳
向笠千恵子
日本の伝統食文化研究の第一人者がおくる、各地で愛されているローカル米料理のルポ
552円 C 152-1

花木と果樹の手入れQ&A集 家庭で人気の庭木95種
高橋栄治
植木の花を毎年咲かせ実をならせるための手入れを分かりやすく解説したQ&A集
686円 C 153-1

1日10分で絵が上手に描ける練習帳
秋山風三郎
物の形を○△□などでとらえて、描き順どおりに練習すれば、絵は上手になる
571円 C 154-1

19時から作るごはん
行正り香
「少ない材料と道具で、調理は短時間に」をモットーにした行正流11メニューを紹介
648円 C 155-1

最短で結果が出る最強の勉強法
荘司雅彦
年収7000万円の超カリスマ弁護士が編み出した、ビジネスマンのための最強勉強法
762円 C 156-1

「体を温めて病気を治す」食・生活
石原結實
体温が1℃上がると免疫力は5～6倍強化。クスリに頼らず「体温免疫力」で病気を治す
571円 C 157-1

おいしい患者をやめる本 医療費いらずの健康法
岡本　裕
政府、厚労省の無策で日本の医療は破綻寸前！現役ドクターがその矛盾と解決策を説く
657円 C 158-1

＊印は書き下ろし・オリジナル作品

表示価格はすべて本体価格(税別)です。本体価格は変更することがあります

講談社+α文庫 ©生活情報

書名	著者	内容	価格	番号
究極の食 身体を傷つけない食べ方	南 清貴	野口整体と最新栄養学をもとにしたKIYO流正しい食事法が歪んだ日本人の体を変える	695円	C 159-1
免疫革命	安保 徹	生き方を変えればガンは克服できる。自らの治癒力を引き出し、薬に頼らず健康になる方法	762円	C 160-1
人がガンになるたった2つの条件	安保 徹	百年に一度の発見、人はついにガンも克服！ 糖尿病も高血圧もメタボも認知症も怖くない	762円	C 160-2
トレーニングをする前に読む本 最新スポーツ生理学と効率的カラダづくり	石井直方	トレーニングで筋肉は具体的にどう変化するのか、科学的に解き明かした画期的実践書！	695円	C 161-1
若返りホルモンダイエット	石井直方	リバウンドなし！ 「若返りホルモン」は自分で出せる。やせて若返る本当のダイエット！	619円	C 161-2
生活防衛ハンドブック 食品編	小若順一 食品と暮らしの安全基金	放射能、増量肉、残留農薬、抗生物質、トランス脂肪酸……。隠された危険から身を守れ！	600円	C 162-1
みるみる脚やせ！ 魔法の「腕組みウォーク」	小倉義人	脚やせにエクササイズはいりません！ 歩くだけで美脚になれる、画期的なメソッドを伝授！	533円	C 163-1
「泡洗顔」をやめるだけ！ 美肌への最短の道	吉川千明	肌質が悪いからと諦めないで！ 吉川流簡単スキンケアで、あなたの肌の悩みが解消します！	562円	C 164-1
ハッピープチマクロ 10日間でカラダを浄化する食事	西邨マユミ	歌手マドンナをはじめ、世界中のセレブが実践。カラダの内側から綺麗になる魔法の食事	562円	C 165-1
冷蔵庫を片づけると時間とお金が10倍になる！	島本美由紀	冷蔵庫を見直すだけで、家事が劇的にラクになり、食費・光熱費も大幅に節約できる！	590円	C 166-1

表示価格はすべて本体価格（税別）です。本体価格は変更することがあります

＊印は書き下ろし・オリジナル作品

講談社+α文庫 ©生活情報

履くだけで全身美人になる！ ハイヒール・マジック　マダム由美子
ハイヒールがあなたに魔法をかける！ エレガンスを極める著者による美のレッスン
552円 C 167-1

生命保険の罠 保険の営業が自社の保険に入らない、これだけの理由　後田　亨
元日本生命の営業マンが書く「生保の真実」。読めば確実にあなたの保険料が下がります！
648円 C 168-1

5秒でどんな書類も出てくる「机」術　壷阪龍哉
オフィス業務効率化のスペシャリスト秘伝の、仕事・時間効率が200％アップする整理術！
667円 C 169-1

クイズでワイン通 思わず人に話したくなる　葉山考太郎
今夜使える知識から意外と知らない雑学まで、気楽に学べるワイン本
648円 C 170-1

頭痛・肩こり・腰痛・うつが治る「枕革命」　山田朱織
身体の不調を防ぐ・治すための正しい枕の選び方から、自分で枕を作る方法まで紹介！
590円 C 171-1

病院ランキングでは分からない 実はすごい町医者の見つけ方　永田　宏
役立つ病院はこの一冊でバッチリ分かる！ タウンページで見抜けるなど、驚きの知識満載
600円 C 172-1

極上の酒を生む土と人 大地を醸す　山同敦子
日本人の「心」を醸し、未来を切り拓く、新時代の美酒を追う、渾身のルポルタージュ
933円 C 173-1

一生太らない食べ方 脳専門医が教える8つの法則　米山公啓
専門家が教える、脳の特性を生かした合理的なやせ方。無理なダイエットとこれでサヨナラ！
571円 C 174-1

知ってるだけですぐおいしくなる！ 料理のコツ　左巻健男・稲山ますみ 編著
肉は新鮮じゃないほうがおいしい？ 身近な料理の意外な真実・トクするコツを科学で紹介！
590円 C 175-1

腰痛は「たった1つの動き」で治る！　吉田始史・高松和夫 監修
ツライ痛みにサヨナラできる、「たった1つの動き」とは？ その鍵は仙骨にあった！
552円 C 176-1

*印は書き下ろし・オリジナル作品

表示価格はすべて本体価格（税別）です。本体価格は変更することがあります